Jörgen Schulze-Krüdener

Wissen, was in der Sozialen Arbeit wirkt!

Zur Reichweite empirischer Zugänge

University of Applied Sciences
APOLLON
University Press

Projektmanagement und Lektorat: Marleen Janzen, Dr. Petra Becker
Umschlaggestaltung, Layout und Satz: Ilka Lange, Hückelhoven
Korrektorat: Ruven Karr, Saarbrücken
Titelbild: © Fotolia, Julien Eichinger
Printed in Germany

Bibliografische Information der Deutschen Nationalbibliothek
Die Deutsche Nationalbibliothek verzeichnet diese Publikation in der Deutschen Nationalbibliografie. Detaillierte bibliografische Daten sind abrufbar unter:
htpp://dnb.d-nb.de

Werden Personenbezeichnungenaus Gründen der besseren Lesbarkeit nur in der männlichen oder weiblichen Form verwendet, so schließt dies das jeweils andere Geschlecht mit ein.

ISBN: 978-3-943001-31-0

http://www.apollon-hochschulverlag.de

Jörgen Schulze-Krüdener

Wissen, was in der Sozialen Arbeit wirkt!

Zur Reichweite empirischer Zugänge

METHODENBUCH

University of Applied Sciences
APOLLON
University Press

Inhalt

Einleitung

Fragen nach Wirkungen und Wirkungsweisen von Angeboten, Interventionen und Maßnahmen in der Sozialen Arbeit haben in den letzten Jahren handlungsfeldübergreifend an Bedeutung gewonnen. Längst sind Qualität, Nutzen und Wirksamkeit Sozialer Arbeit nicht mehr nur ein Anliegen, das mit Modell- oder Reformvorhaben (maßgeblich im Kontext „Neuer Steuerung") verknüpft wird. Beispiele für solche Vorhaben sind die Jugendhilfe-Effekte-Studie (1995–2000) oder das Modellprogramm des Bundesministeriums für Familie, Senioren, Frauen und Jugend zur Qualifizierung der Hilfen zur Erziehung durch wirkungsorientierte Ausgestaltung der Leistungs-, Entgelt- und Qualitätsentwicklungsvereinbarungen nach §§ 78a ff. SGB VIII (2006–2009).

Soziale Arbeit (als Theorie/Disziplin und als Praxis/Profession) steht vor der Herausforderung, Antworten auf Fragen zu geben wie:

- ↗ Ist Soziale Arbeit unter optimaler Verwendung von knapper werdenden Ressourcen wirksam?

- ↗ Erzielen Maßnahmen und Leistungen die gewünschte Wirkung gerade auch in Zeiten steigender fachlicher Anforderungen an Soziale Arbeit?

- ↗ Und *wie* wirken diese Maßnahmen und Leistungen?

- ↗ Wie kann begründet und überprüft werden, dass Interventionen von Fachkräften Sozialer Arbeit nutzbringend sind?

- ↗ Welche Rolle spielt Forschung bei Erkenntnissen von Wirkungszusammenhängen?

Es reicht nicht mehr aus, einzig das Gute zu wollen und Erfolge zu behaupten – es muss auch belegt werden, Gutes getan zu haben. Erkenntnisse, Ergebnisse und Wirkungen sind empirisch belastbar nachzuweisen. Diese Beweis- und Legitimationspflicht ist zunächst sowohl an die Organisationen bzw. Institutionen der Sozialen Arbeit als auch insbesondere an die Fachkräfte der Sozialen Arbeit gerichtet: Erwartet wird, dass die Ziele der personenbezogenen sozialen Dienstleistungen von Anfang an s.m.a.r.t. (spezifisch, messbar, anspruchsvoll, realistisch, terminlich strukturierbar) sind und dass die Leistungen dokumentiert, kontrolliert und wirkungsorientiert evaluiert werden. Damit sollen sie sich weg von einer Input-Steuerung bewegen und für Outcome-Beurteilungsverfahren und wirkungsorientierte Finanzierungsmodelle (wie den Sozialen Wirkungskredit bzw. Social Impact Bonds) zugänglich werden.

Mehr Effektivität, mehr Effizienz, mehr Erfolgsorientierung und mehr Wirkung – mit diesem Mantra sieht sich Soziale Arbeit konfrontiert. Die geforderte Rechenschaft von sozialen Dienstleistungen im Sinne eines Nachweises und der Begründung der Wirksamkeit einer Maßnahme (engl. *evidence*) macht es erforderlich, dass Soziale Arbeit mittels adäquater, fachspezifischer Verfahren und Forschungsanstrengungen ihre Wirkungen empirisch zu fundieren sucht und misst – bei allen Begrenzungen etwa hinsichtlich des Technologiedefizits der Erziehung und der Pädagogik (vgl. Luhmann; Schorr, 1982), der Überschätzung der Handlungsrelevanz empirischer Erkenntnisse oder auch der vielfach schweren Interpretierbarkeit empirischer Daten.

Aufgabe einer qualitativen und quantitativen Wirkungsforschung ist es, für die Praxis Orientierungs- und Aufklärungswissen bereitzustellen, somit die Praxis zukunftsorientiert und wissensbasiert zu optimieren und schließlich auch sozialpolitische Entscheidungen und Ziele zu fundieren (was die Verantwortung der Sozialen Arbeit für die Politik betont).

Bei der Suche nach der Neuausrichtung Sozialer Arbeit auf der Basis wissenschaftlich nachweisbarer Wirksamkeitskriterien und der Idee einer evidenzbasierten Forschung wird sich unmittelbar auf das zunächst in der Medizin entstandene Modell der Evidence-based Medicine bezogen, das spätestens mit dem Erscheinen des *Journal of Evidence-Based Social Work* im Jahr 2004 auch die Soziale Arbeit erreicht hat. Im Horizont dieses Paradigmenwechsels wird im Fachdiskurs durchaus kontrovers um den Nutzen und die Beschränkungen einer evidenzbasierten Praxis gestritten. Dabei steht auch die Frage im Vordergrund, welches Wissen eine fallspezifisch angemessene und lebensweltlich nachhaltige Soziale Arbeit braucht:

Für die einen stellt Evidence-based Practice den zwingend erforderlichen Übergang „von der gefühlten zur gemessenen Wirkung" (Rauschenbach, 2004, S. 21) dar, erzeugt Wissen über erwünschte und nicht intendierte Wirkungen Sozialer Arbeit, erhöht die Fachlichkeit und Performanz Sozialer Arbeit und leistet einen bedeutsamen Beitrag zu deren Professionalisierung. Für die anderen hingegen ist Wissen relativ und als solches sicher, offenkundig und unbestreitbar nur im Bewusstsein der Subjektivität der Fragestellung und der Begrenztheit der Aussagekraft der gewählten Forschungsmethode verortet, was in der Konsequenz die professionstheoretischen und auch ethischen Einwände und Grenzen der evidenzbasierten Sozialen Arbeit markiert.

Unabhängig von der Relevanz der Suche (bzw. ggf. auch der Sehnsucht) nach Evidenz und damit dem Bestreben, etwas genau wissen zu wollen, erhebt das Konzept der evidenzbasierten Praxis (zumindest in weiten Teilen der bundesdeutschen Fachdiskussion) den Anspruch, den Graben zwischen Wissenschaft, Forschung und Praxis in der Sozialen Arbeit zu schließen. Es stellt sich aber die Frage, ob über wissenschaftlich-empirische Aussagen geschlossen werden kann, wie gehandelt werden soll. In dieser Situation gilt es somit zu überprüfen, inwieweit das Modell der Wissensproduktion und der Wissensnutzung evidenzbasierter Sozialer Arbeit umgesetzt werden kann.

Vor diesem Problemaufriss und ausgehend von den beschriebenen Grundannahmen erreichen Sie mit diesem Methodenbuch folgende Lernziele:

- Sie kennen die Hintergründe und Bedingungen für die Neuausrichtung Sozialer Arbeit auf der Grundlage wissenschaftlich nachweisbarer Wirksamkeitskriterien, wie sie mit dem Konzept einer evidenzbasierten Praxis einhergehen.

- Sie sind mit den Zusammenhängen von Qualitätsentwicklung, Evaluation und Wirkungsorientierung vertraut und können diese in Beziehung setzen zu rechtlichen Vorgaben.

- Sie haben einen Überblick über die Grundbedingungen und methodischen Grundlagen einer Wirkungsforschung in der Sozialen Arbeit und können die unterschiedlichen forschungsbezogenen Zugänge und deren jeweilige Reichweite und Aussagekraft einschätzen.

- Sie kennen praxisrelevante Ergebnisse aus handlungsfeldspezifischen Wirkungsstudien und können deren Bedeutung zur Überprüfung der Effektivität und Effizienz für die Arbeit in verschiedenen Settings verdeutlichen.

- Außerdem haben Sie Kenntnis von den Potenzialen und Grenzen einer wirkungsbasierten Sozialen Arbeit und sind in der Lage, diese (sozial-)ethisch zu reflektieren.

Ich wünsche Ihnen beim Lesen und Bearbeiten dieses Buches einen möglichst weitreichenden Erkenntnisertrag und ein Anregungspotenzial bei Ihrer Suche nach der Rolle wissenschaftlichen Wissens für das professionelle Handeln. Das Buch ist so konzipiert, dass Sie es selbst bearbeiten können und hoffentlich mit Gewinn aus ihm hervorgehen. Aber gut gemeint kann bekanntlich das Gegenteil von gut gemacht sein, und so wünsche ich mir nicht nur eine aufnahmebereite Öffentlichkeit, sondern auch kritische Leserinnen und Leser. Ich freue mich über Ihre Rückmeldungen.

Herzliche Grüße
Jörgen Schulze-Krüdener

1 Wissen, was wirkt: Soziale Arbeit auf der Suche nach Evidenz

In diesem Kapitel lernen Sie einzuschätzen und zu beschreiben, welche Anlässe und Ursachen die Debatte um eine Evidenzbasierung in der Sozialen Arbeit hat und welcher Zusammenhang mit einer Verhältnisbestimmung von Wissen, Professionalität, Qualität und Wirkung besteht.

Egal ob Sporttrainer, Politiker, Hochschullehrende, Studierende aller Studienrichtungen, Fachkräfte der Sozialen Arbeit oder (zukünftige) Sozialmanager – alle sind auf Wissen als Quelle ihres Tuns und ihres Erfolgs angewiesen. Wissen ist zu einem unverzichtbaren Bestandteil eines zielgerichteten, geplanten, erfolgreichen Handelns geworden und prägt umfassend die Gestalt des heutigen sozialen, wirtschaftlichen und politischen Lebens. Nichtwissen, Unwissenheit, vor allem aber Ignoranz und das Nicht-wissen-Wollen (allesamt Schattenseiten des Wissens) gelten in den heutigen Wissensgesellschaften als anstößig.

WISSENWERT

Wissen scheint ein Thema zu sein, das viele dazu animiert, geflügelte Worte zum Besten zu geben, etwa: „Zu wissen, was man weiß, und zu wissen, was man tut, ist Wissen" (Konfuzius), „Nichts macht den Menschen argwöhnischer, als wenig zu wissen" (Francis Bacon), „Alles Wissen besteht in einer sicheren und klaren Erkenntnis" (René Descartes), „Es ist nicht genug zu wissen, man muss es auch anwenden; es ist nicht genug, zu wollen, man muss es auch tun" (Johann Wolfgang von Goethe) oder auch: „Wenn der Mensch zu viel weiß, wird das lebensgefährlich. Das haben nicht erst die Kernphysiker erkannt, das wusste bereits die Mafia" (Norman Mailer).

Es existieren aber auch Wissen-Witze wie dieser: „Theorie ist, wenn man alles weiß, aber nichts funktioniert. Praxis ist, wenn alles funktioniert, aber keiner weiß warum. Bei uns vereint sich alles: Nichts funktioniert und keiner weiß warum."

„[Die] Auseinandersetzung mit der Frage des Nutzens des Wissens trifft unvermeidlich auf eine Prüfung der Möglichkeit und der Funktion von Zukunftswissen, zukünftigem Wissen oder auch Informationen über die Gestaltung und das Aussehen der Zukunft (oder das Verhindern einer antizipierten Zukunft)." (Stehr; Adolf, 2015, S. 223)

Die Frage nach einem Wissen für eine (unsichere) Zukunft spielt unbestritten eine wichtige Rolle und ist unerlässlich für ein verantwortungsvolles Handeln und Planen, aber wir kennen die Zukunft als mutmaßlich zukünftige Gegenwart nicht und können uns infolgedessen auch kein zuverlässiges Bild von ihr machen. Zukunftsorientiert handeln heißt in der Regel, sich

„in Entscheidungen an Einschätzungen irgendwelcher Art zu orientieren. Ein solches Abwägen, das zu Schätzungen des Verlaufs der Zukunft führt, basiert in der Regel auf einer Reihe von trivialen bis hin zu mathematisch basierten Einschätzungen, die allerdings vorrangig eine Fortschreibung von vergangenen oder gegenwärtigen Verläufen sind. Abwägungen dieser Art basieren somit nicht auf Zukunftswissen" (Stehr; Adolf, 2015, S. 227).

Die Tatsache, dass jedwedes Entscheiden mit Risiken verbunden ist, darf aber nicht den Blick darauf verstellen, dass auch das Wissen um das Mehr des Nichtwissens seinen Nutzen haben kann und sogar manchmal wünschenswert ist. Denn eines ist offenkundig: Wenn alle Menschen in einem Markt vollständiges Wissen hätten, würde dieser zusammenbrechen,

„weil alle das Gleiche tun würden – und schon würde aus dem richtigen, vollständigen Wissen falsches Wissen (...). Vielleicht ist die größte Herausforderung fürs Wissen heute die, dass wir das Objekt des Wissens nicht mehr einfach voraussetzen können – nicht mehr einfach heißt: Der Gegenstand ist so komplex, dass sich die Bedingungen fürs Wissen schneller ändern als das, was man darüber wissen kann – und dann können sie auch noch Unterschiedliches bedeuten" (Nassehi, 2014, S. 2).

1.1 Vom Nutzen des Wissens und der Ungewissheit: Irritationen und Klärungen

Wie Wissen entsteht und sich verändert, wie Wissen erworben und (welches) vermehrt wird, mit welchen Praktiken Wissen weitergegeben werden kann oder auch welche Wanderungsbewegungen von Wissensbeständen sich beobachten lassen – dies beschäftigt viele und nimmt nicht nur im Fachdiskurs der Sozialen Arbeit seit Jahren einen prominenten Platz ein (vgl. im Überblick Homfeldt; Schulze-Krüdener, 2000). Wissen und Expertise sind neben Arbeit und Eigentum/Kapital zu einem neuen, sich ständig verändernden und immer komplexer werdenden Produktivfaktor geworden: Wissen als Fähigkeit und Ressource sozialen Handelns und als kulturelles Kapital einer Gesellschaft gewinnt zunehmend an Bedeutung. Angesichts solcher Tendenzen hat sich die Soziale Arbeit u. a. zu fragen:

↗ Welche Aufgaben kommen ihr in einer Gesellschaft zu, in der die Produktion, strategische Distribution und Rezeption von Wissen eine immer größere Rolle spielt?

↗ Welche Gestaltungsaufgaben für Soziale Arbeit erwachsen aus der Tatsache, dass Wissen Zugänge zur Nutzung von Einrichtungen und Angeboten Sozialer Arbeit ermöglicht, aber Nichtwissen eine Teilhabe versperrt?

↗ Wie steht es grundsätzlich um das gesellschaftliche Klima in einem Staat, in dem die Aufgaben des Sozialen als gesamtgesellschaftlicher Auftrag immer stärker zurückgenommen wurden zugunsten einer Politik, die dem Motto „Fördern und Fordern" folgt?

In Zeiten des Prinzips „Ohne Gegenleistung gibt es nichts mehr" werden den Adressaten (Kindern, Jugendlichen, Eltern, Familien, Arbeitslosen usw.) immer neue Verantwortungen und Pflichten auferlegt (z. B. Hartz-IV-Gesetzgebung, familiäre Pflichten innerhalb der Familie, Unterhaltszahlungen, Finanzierung von schulischer Nachhilfe).

Unabhängig von diesen Fragen besteht Einigkeit darin, dass der Erwerb und die Vermehrung von Wissen unmittelbar und untrennbar mit der aktiven Weitergabe von Kenntnissen verknüpft sind. Die Vermittlung und Weitergabe dieses Wissens vollzieht sich an unterschiedlichen Orten (Kindertagesstätte, Familie, Schule,

Jugendhaus, Hochschule etc.) und realisiert sich in bzw. mit vielfältigen Praktiken, z. B. sprachlichen Unterweisungen, Zeigehandlungen, Übungen, Präsentationen, Argumentationen, analysierenden Deutungen. Herauszustellen ist, dass hierbei auch immer Regeln für den Umgang mit Kenntnissen vermittelt werden, die in neuen (veränderten) Handlungssituationen verwendet und eingesetzt werden sollen (vgl. Behrs et al., 2013, S. 7 f.).

> **MERKSATZ**
>
> In einer Gesellschaft, in der die Erzeugung, die strategische Verteilung und Rezeption von Wissen eine immer größere Rolle spielen, wird verstärkt die Frage nach dem Verhältnis zwischen Theorie (bzw. Disziplin) und Praxis (bzw. Profession) sowie zwischen der Wissensbasis Sozialer Arbeit und der Professionalität gestellt.
>
> Professionell zu handeln heißt: Wir müssen zeigen, was wir können. Wir müssen wissen, was wir tun. Und nicht nur tun, was wir wissen.

Ausgangspunkt der weiteren Ausführungen ist die Tatsache, dass Wissen und Können Kernelemente von Professionalität sind (vgl. Schulze-Krüdener, 2003, S. 152 ff.; Müller, 2010, S. 965 ff.). Auch wenn die Frage, was Professionalität in der Sozialen Arbeit bedeutet, im einschlägigen Fachdiskurs nicht einheitlich beantwortet wird (vgl. Becker-Lenz et al., 2013), lassen sich folgende zentrale Professionalitätskriterien der Sozialen Arbeit aufstellen:

1. Fachautorität und systematisches Wissen

2. kontinuierliches und systematisches Reflektieren des Allgemeinwissens und Wissen um den Einzelfall auf der konkreten Interaktionsebene

3. kollegiale Überprüfung der eigenen professionellen Rolle

4. Vorhandensein von instrumenteller, reflexiver sowie sozialer Kompetenz zur Bewältigung von Ungewissheit, zur Verarbeitung von paradoxen Handlungsanforderungen (z. B. geduldiges Zuwarten vs. sofortige Intervention; exemplarisches Vormachen vs. die Gefahr, den Adressaten unselbstständig zu machen) und zur Erschließung von zunächst blockierten Handlungschancen

5. Soziale Arbeit muss sich auf die Alltagsprobleme der Adressaten einlassen.

6. Soziale Arbeit hat sich dazu zu bekennen, dass sie vom Wollen der Adressaten abhängig ist und diese nicht einfach *be*handeln kann, sondern mit ihnen *ver*handeln muss.

7. Soziale Arbeit muss akzeptieren, dass sie in ihrem Erfolg von anderen Instanzen (Schule, Arbeitsmarkt, ökonomische Lage usw.) abhängig ist, die für die Lebenschancen von Adressaten größere Bedeutung haben als die Soziale Arbeit selbst.

Professionalität lässt sich somit an der zu erwartenden Verfügbarkeit von spezifischem Wissen und von Kompetenzen festmachen und beschreibt den Stand der fachlichen Entwicklung der Berufsangehörigen in einem beruflichen Segment bzw. Handlungs- oder Arbeitsfeld der Sozialen Arbeit. Sie setzt einen professionellen Habitus und eine gelebte bzw. lebbare professionelle Identität voraus. Wissen und Können sind die essenziellen Quellen von Professionalität, und deren Schnittmenge steht als Synonym für gekonnte Beruflichkeit.

Wissen und Können sind dabei so zu vermitteln, dass keine „trägen" und isolierten Kenntnisse und Fähigkeiten entstehen, sondern anwendungsfähiges Wissen und umfassendes Können, das auch reflektive und selbstregulative Prozesse einschließt. Dies erfordert Folgendes:

■ Zum einen ist es notwendig, zu reflektieren, ob Wissen erzeugt, angeboten, verteilt und weitergegeben, angeeignet und gelernt, konsumiert oder (weiter-) verwendet werden kann. Das wissenschaftliche Wissen ist dabei eine von mehreren Wissensquellen; neben Forschungsbefunden sind dies u. a. Theorien, Erfahrungen der Adressaten und Beobachtungen der professionellen Akteure.

■ Zum anderen ist zu beachten, dass der Handlungserfolg in der Sozialen Arbeit nicht unwesentlich durch die Eigenaktivität der Adressaten bedingt ist: Erzielte Erfolge, Effekte und Wirkungen sind immer das Ergebnis einer Koproduktion von Fachkräften und Adressaten unter Maßgabe der existierenden (institutionellen etc.) Rahmenbedingungen und Vorgaben.

ÜBUNG 1.1

Recherchieren Sie im Internet, was Sie als zukünftige Sozialmanager über die Professionalität in der Sozialen Arbeit wissen sollten.

Die bisherigen Ausführungen zeigen, dass moderne, reflexive Gesellschaften – mehr als frühere – wissensfundierte Gesellschaften sind und sich als Reaktion darauf zahlreiche Fragen und Aufgaben zum Verhältnis von Wissenschaftswissen und Professionswissen in Studium, Forschung und Profession ergeben. Vor diesem Hintergrund sind Hochschulen sowohl Produkte als auch Produzenten einer wissensbasierten Gesellschaft.

Fragen des Verkaufswerts von Wissen und damit dessen tatsächliche, systematisch überprüfte und planbare Wirksamkeit haben aber nicht nur an Hochschulen, sondern allgemein an Bedeutung gewonnen. Flächendeckend besteht der Anspruch, die Wirksamkeit und Effektivität des eigenen beruflichen oder professionellen Handelns für andere begründet und empirisch belastbar nachvollziehbar bzw. transparent zu machen. Vor diesem Hintergrund sind naturgemäß auch Fragen nach den Ergebnissen Sozialer Arbeit, zu den Erfolgen ihres Handelns und ihrer Qualität sowie nach (erwünschter) Wirkung und Nutzen, ins Zentrum der Aufmerksamkeit gerückt.

Als Folge dieser Entwicklungen wird der Ruf nach Evaluation und Wirkungsforschung immer lauter, die die Generierung von gesichertem Wissen und insofern eine evidenzbasierte Praxis ermöglichen sollen. Auch Fachkräfte der Sozialen Arbeit möchten gerne eine wirksame Arbeit verrichten; denn Wirkungsnachweise sind ein zentrales Kriterium für Professionalität und Qualität.

1.2 „Alles hat seinen Preis": die Wirksamkeitsfrage im Spannungsfeld interessengeleiteter Akteure

Die Frage nach der Wirkung der Sozialen Arbeit ist naheliegend und legitim, wobei die Anforderungen, Erwartungen und Antworten je nach Perspektive der beteiligten Akteure aus Sozialer Arbeit und Politik kontrovers sind.

Bernd Halfar (2013) beschreibt die Wirksamkeit der Sozialen Arbeit als Glaubensgut:

> „Man glaubt, dass Kindergärten sich positiv auf irgendein Sozialverhalten auswirken, man glaubt, dass offene Jugendarbeit soziale Kompetenz erzeugt, Familienarbeit präventiv – mittelfristig – die Gefängniszeiten reduziert, Präventionsprogramme in Schulen wie ‚Ohne Rauch geht's auch' die Lungenkrebsrate senken, dass Werkstätten für Menschen mit Behinderung hohe Vermittlungen in den ersten Arbeitsmarkt liefern, das Senior(innen), die wöchentlich Seidentücher bemalen, nicht depressiv oder dass fiese Kolleg(innen) durch Superversion teamfähig werden."

Die Debatte über „Thematisierungsweisen guter Arbeit" – d. h. einer fachlich angemessenen Sozialen Arbeit – hat eine lange Tradition (vgl. Herrmann, 2016). Es verwundert dementsprechend nicht, dass das immer wieder aufgegriffene Thema sich in einer Vielzahl von Begriffen und Konzepten mit folgenden Merkmalen widerspiegelt (vgl. Liebig, 2006, S. 11; Tab. 1.1).

- Sie beziehen sich auf Verfahren zur Messung, Bewertung usw. (Qualitätssicherung, Monitoring, Evaluation, Accounting, Berichtswissen, Controlling).
- Sie verweisen auf individuelle Zugewinne an Wissen, an Qualifikation usw. (Lernen, Bildung, Aneignung, Impact).
- Sie richten in eher unspezifischer Weise ihren Fokus auf identifizierbare Wirkungszusammenhänge (Resultate, Effekte, Wirkungen, Output, Outcome, Folgen, Ergebnisse) oder auf die Produkte eines identifizierbaren Wirkungszusammenhangs, die sich einer impliziten oder explizierten Bewertung unterziehen (Zielerreichung, Nutzen, Erfolge, Wirksamkeit).

Tab. 1.1:   Die Vielfalt der Begriffe und Konzepte Sozialer Arbeit (vgl. Liebig, 2006, S. 11)

KONZEPT	SCHLÜSSELBEGRIFFE
Bezug auf Verfahren zur Messung, Bewertung usw.	Qualitätssicherung, Monitoring, Evaluation, Accounting, Controlling, Berichtswesen
Verweis auf individuelle Zugewinne	Lernen, Bildung, Aneignung, Impact
Fokus auf identifizierten Wirkungszusammenhängen	Resultate, Effekte, Wirkungen, Output, Outcome, Folgen, Ergebnisse
Produkte eines identifizierbaren Wirkungszusammenhangs (mit impliziter oder expliziter Bewertung)	Zielerreichung, Nutzen, Erfolge, Wirksamkeit

Seit den 1990er-Jahren wird der Diskurs zunächst unter dem Label *Qualität* und seit dem Jahrtausendwechsel unter dem Begriff der *Wirkung* geführt. Die Debatte prägende Stichworte sind Professionalität bzw. professionelles Handeln (vgl. Kap. 1.1), fachliche Qualitätssicherung (inklusive Dienstleistungsorientierung) und organisationsbezogene Managerialisierung. Letzteres bedeutet die Übertragung von betriebswirtschaftlichen Prinzipien und Steuerungsmechanismen auf die Soziale Arbeit: Kommunen werden zu Auftraggebern, öffentliche und gemeinnützige Leistungserbringer (z. B. Jugendamt, Kindertagesstätte, Heimeinrichtung) zu Auftragnehmern und die Leistungsbeziehenden (die sogenannten Adressaten) zu Kunden. Beim Managerialismus handelt es sich um

„einen bürokratisch-monetaristischen Stil in der Organisation sozialer Praxis, der durch eine ökonomische Ausrichtung sozialer Dienstleistungen gekennzeichnet ist und somit eine marktwirtschaftliche, leistungsorientierte Verwaltung sozialer Organisationen in den Mittelpunkt stellt. Dagegen nutzt die praxisorientierte Qualitätssicherung in ihrer Weiterentwicklung die Wirksamkeitsforschung als empirisch fundiertes Reflexions- und Beschreibungsinstrument zur Optimierung sozialer Praxis. Zudem müssen diese evidenzbasierten Verfahren auch die Ressourcen, Kompetenzen und Bedürfnisse der jeweiligen KlientInnen einbeziehen" (Otto; Schneider 2009, S. 20 f.).

Zunächst einmal haben – wie bereits erwähnt – Soziale Arbeit und die in den unterschiedlichen Handlungsfeldern tätigen Fachkräfte ein Interesse daran, die Qualität und die Wirkung ihrer Tätigkeiten, Angebote oder Einrichtungen zu beleuchten, zu belegen und zu erhöhen bzw. zu verstärken – nicht zuletzt auch, um ihre eigene Existenz zu sichern und sich fachlich weiterzuentwickeln.

Die Suche nach einer wirkungsbasierten Evidenz hat ihren Ausgangspunkt darin, dass Soziale Arbeit als Kern ihrer sozialpädagogischen Professionalität das Strukturelement der Ungewissheit, also das Wissen des Nichtwissens, und damit die Reflexion über die Grenzen des Wissens im sozialpädagogischen Handeln bestimmt hat. Nichtwissen ist jedoch zugleich ein Zustand, der eine Anreizfunktion darstellt und sowohl in der Wissenschaft als auch in den Institutionen Sozialer Arbeit als ein zu überwindender Zustand zu beschreiben ist.

Dennoch: Mehr wissenschaftliches Wissen allein führt nicht automatisch und notwendigerweise zu einem praktisch erfolgreicheren, besseren Handeln: Wissenschaftliches Wissen für die Praxis ist nur ein Teil der Wissensbasis der Fachkräfte der Sozialen Arbeit und dient vor allem als Orientierungswissen, um sich über den Einzelfall ein Urteil bilden zu können. Wissenschaftliche Erkenntnisse und Befunde abstrahieren zwangsläufig von den Besonderheiten des Einzelfalles (vgl. Heiner, 2007, S. 163). In der Konsequenz bedeutet dieser Umstand, dass es einen direkten Transfer von der Theorie in die Praxis nicht geben kann. Stattdessen verwenden die Fachkräfte der Sozialen Arbeit das wissenschaftliche Wissen autonom und damit hinsichtlich der wissenschaftlichen Geltungsansprüche unabhängig von der Deutung bzw. dem Verständnis von Situationen und dem Entwurf von Handeln (vgl. Horn 2003, S. 5). Eine solche Bestimmung hat selbstverständlich Auswirkungen auf die hier interessierenden Aspekte der Wirksamkeit: Was wirksame Soziale Arbeit letztlich ist, ist keineswegs eine abschließend geklärte Frage.

Unabhängig davon sind die in Abbildung 1.1 dargestellten drei Bedingungen zu berücksichtigen, wenn die Wirkungsfrage im Lichte fachlicher Erfordernisse betrachtet wird.

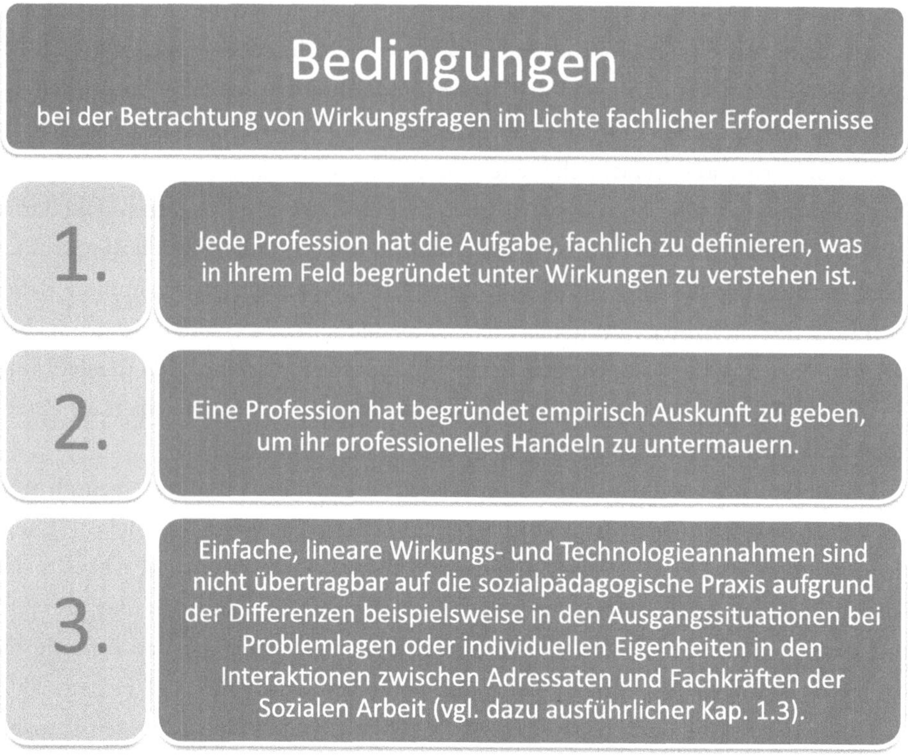

Bedingungen

bei der Betrachtung von Wirkungsfragen im Lichte fachlicher Erfordernisse

1. Jede Profession hat die Aufgabe, fachlich zu definieren, was in ihrem Feld begründet unter Wirkungen zu verstehen ist.

2. Eine Profession hat begründet empirisch Auskunft zu geben, um ihr professionelles Handeln zu untermauern.

3. Einfache, lineare Wirkungs- und Technologieannahmen sind nicht übertragbar auf die sozialpädagogische Praxis aufgrund der Differenzen beispielsweise in den Ausgangssituationen bei Problemlagen oder individuellen Eigenheiten in den Interaktionen zwischen Adressaten und Fachkräften der Sozialen Arbeit (vgl. dazu ausführlicher Kap. 1.3).

Abb. 1.1: Die Wirkungsfrage im Lichte fachlicher Erfordernisse (vgl. Lüders; Haubrich, 2006, S. 6)

Vor diesem Hintergrund ist zu konstatieren, dass in der Geschichte der Sozialen Arbeit unzählige, mehr oder weniger explizite Debatten über die Wirkungen ihrer Leistungen, Angebote und Maßnahmen geführt wurden. Als prominentes Beispiel soll einzig das Konzept der lebensweltorientierten Sozialen Arbeit genannt werden. Es verfolgt den Anspruch, der Vermittlung von Individuum und Gesellschaft in den Grundstrukturen des helfenden, erziehenden und bildenden Handelns gerecht zu werden und den Adressaten einen gelingenden Alltag zu ermöglichen. Hans Thiersch, der Nestor dieses Konzepts, strebt damit drei spezifische Wirkungen Sozialer Arbeit an:

„Lebensweltorientierte Soziale Arbeit richtet (...) Unterstützungen – in Bezug auf Zeit, Raum, soziale Bezüge und pragmatische Erledigung – an den hilfsbedürftigen Menschen so aus, dass diese sich dennoch als Subjekte ihrer Verhältnisse erfahren können: Sie zielt auf *Hilfe zur Selbsthilfe, auf Empowerment, auf Identitätsarbeit.*" (Grunwald; Thiersch, 2001, S. 1142)

Die Frage nach dem Handlungserfolg und damit nach den Wirkungen wird weiterhin in der Debatte um die Qualität Sozialer Arbeit aufgegriffen, die in Reaktion auf den Umbau des Sozialstaats, die Verknappung öffentlicher Mittel, die Kritik an den sozialen Diensten, den Aufbau modifizierter Verwaltungsstrukturen („Neue Steuerung") und die Profilierung des Qualitätsthemas durch dessen Platzierung in einer veränderten Sozialgesetzgebung intensiv geführt wurde (Beispiele sind § 79a SGB VIII, Qualitätsentwicklung in der Kinder- und Jugendhilfe sowie §§ 112 ff. SGB XI, Soziale Pflegeversicherung – Pflege-Qualitätssicherungsgesetz).

Im Kern geht es einerseits um die Qualität der Dienstleistungsorganisation und andererseits um die Qualität fachlichen Handelns. Mit der Qualität fachlichen Handelns werden der Handlungsvollzug, das Handlungsergebnis oder beides bewertet. Im anderen Zugang wird Qualität als ein Thema der Organisation thematisiert. Es wird danach gefragt, anhand welcher Kriterien eine Organisation ihre Strukturen, ihr Handeln und die damit erreichten Ergebnisse als gut bewerten kann.

Für die Differenzierung von Qualität setzte sich aus pragmatischen Gründen die von A. Donabedian für das Gesundheitswesen Anfang der 1980er-Jahre in den USA durchgesetzte Unterteilung in Strukturqualität, Prozessqualität und Ergebnisqualität durch (vgl. Merchel, 2013; DIJuF, 2006, S. 10 f.):

- **Strukturqualität** umfasst die einer Organisation bei der Erbringung ihrer Leistungen zur Verfügung stehenden organisatorischen Rahmenbedingungen und Ressourcen (das sind finanzielle Mittel, Konzepte, personelle und räumliche Ausstattung): vertrauensvolle Gesprächsatmosphäre, kindgerechter Wartebereich, PC-Arbeitsplatz, Bereitstellung aktueller Fachliteratur, bedarfsorientierte Erreichbarkeit, interkulturelle Öffnung, eindeutige Klärung der Aufgabenwahrnehmung und Verantwortung, angemessene Fallzahl usw.

- **Prozessqualität** bezieht sich auf Faktoren, die für eine Zielerreichung erforderlich sind. Das bedeutet auch das Vorhandensein und die Beschaffenheit von Angeboten, Maßnahmen und Interventionen, die geeignet sind, ein bestimmtes Ziel zu erreichen. Dies sind etwa: Kommunikation mit den Beteiligten, ständige Einbeziehung des beauftragenden Elternteils/Volljährigen, regelmäßige Fortbildung, Supervision, kollegiale Beratung, Coaching, Reflexion der Arbeit, fachliche Positionierung im Innen- und Außenbereich, Öffentlichkeitsarbeit.

- In die **Ergebnisqualität** münden Struktur- und Prozessqualität. Hierzu gehören der erzielte Zustand, sichtbare Erfolge oder Misserfolge und nachweisbare Ergebnisse. Mögliche Ziele sind u. a.: zeitnahe Bearbeitung, Adressatenzufriedenheit, Unabhängigkeit von sozialen Leistungen, Dauer der Maßnahme.

ÜBUNG 1.2:

Der Begriff der Qualität ist keineswegs eindeutig definiert. Recherchieren Sie im Internet auf der Website der Deutschen Gesellschaft für Qualität e. V. nach dem Begriff „Qualität" und im Internet nach „DIN EN ISO 9000 ff.".

Die Qualitätsdebatte ist von Beginn an eingebettet in ein Gefüge unterschiedlichster Anforderungen und Bedingungen: Hans Thiersch (1997, S. 15 f.) rekonstruiert am Beispiel der Jugendhilfe präzise Spannungsfelder und Konfliktpotenziale dieser reaktiv geführten Qualitätsdebatte:

Die Qualitätsdebatte

- „ist notwendig gegenüber den Zweifeln und Unwilligkeiten der Gesellschaft, der Gesellschaft, die überzeugt werden muss, dass und wozu sie Jugendhilfe braucht und dass Jugendhilfe die Aufgaben, die ihr zufallen, erfüllt,

- sie ist notwendig, weil die Gesellschaft ein Recht hat zu erfahren, was sie und wofür sie zahlt,

- sie ist notwendig, weil Organisation und Arbeitsstruktur der sozialen Dienstleistungen beträchtliche Modernisierungsdefizite zeigen, die, jenseits und unabhängig von der gegebenen Spardiskussion, angegangen werden müssen, wenn soziale Dienstleistungen ihrem Selbstanspruch transparenter, sinnvoller, hilfreicher Dienstleistungen entsprechen soll,

- sie ist missverständlich, weil sie genutzt wird, um auf ihrem Rücken und mit ihr einhergehend fach- und sachfremde Entwicklungen zu befördern – Entwicklungen hin zu einer Indienstnahme der Jugendhilfe durch betriebs- und verwaltungswirtschaftliches Denken und aus der Wirtschaft stammende Organisations- und Leistungsmodelle,

- sie ist aber auch grundsätzlich missverständlich, weil sie dazu dienen kann, die sozialpolitischen, grundsätzlichen Fragen zu verdrängen – ‚was‘ man tun will, ist evident, es geht darum, das ‚Wie‘ zu klären – und damit zugleich das politisch motivierte Sparen zu legitimieren. Neben unserer Rhetorik von Organisation und Effizienz herrscht oft die schlichte Logik des Einsparens (…),

- sie ist schwierig, weil die der Jugendhilfe aufgegebenen Sachaufgaben komplex, kompliziert und anspruchsvoll sind; wenn Organisationen sachdienlich und Prüfungs- und Darstellungsverfahren aufgabenentsprechend sein sollen, braucht es die anstrengende und mühsame Arbeit an neuen Konzepten und Modellen.“

Neben dem Eigeninteresse der Sozialen Arbeit gibt es auch seitens der politischen Akteure ein großes Interesse an einer wirksamen, effizienten und möglichst kostengünstigen Sozialen Arbeit. Dies erscheint verständlich, denn erhebliche finanzielle Mittel der öffentlichen Hand werden hierfür aufgewendet. Mit anderen Worten: Anstelle der Beschreibung von Struktur-, Prozess- und Ergebnisqualität oder einzig der Beantwortung der Frage, ob Veränderungen eintreten oder ein Konzept, eine Maßnahme etc. irgendwie funktioniert, werden seit Beginn des 21. Jahrhunderts nunmehr – maßgeblich forciert durch die Idee einer evidenzbasierten Politik (vgl. Kuhlmann et al., 2004) – aussagekräftige empirische Daten und Fakten in Form von Wirkungsnachweisen personenbezogener sozialer Dienstleistungen eingefordert. Soziale Arbeit soll effektiver werden – gerade auch im Nachweis der Wirkungen bei den Adressaten.

Als Folge der weitreichenden Macht- und Einflusspotenziale der (Sozial-) Politik auf die Soziale Arbeit ist seitdem weithin beobachtbar, dass ökonomische Aspekte in zunehmender Weise die Soziale Arbeit mitbestimmen. Die Debatte um die Weiterentwicklung der Sozialen Arbeit konzentriert sich zunehmend darauf, wie bei knappen öffentlichen Mitteln eine bedarfsgerechte und zugleich qualitativ hochwertige Versorgung mit personenbezogenen sozialen Dienstleistungen sichergestellt werden kann: Die Befürworter einer Ökonomisierung Sozialer Arbeit sehen darin eine erforderliche Umkehr hin zu mehr Qualität, Wirtschaftlichkeit und Effizienz, die Kritiker befürchten eine schleichende Aufweichung bislang gültiger beruflicher Standards unter dem Diktat knapper Kassen.

PRAXISBEISPIEL 1.2:

In der Zeitung „Die Welt" erschien am 18.08.2015 folgender Artikel mit der Überschrift „Der teure Kampf gegen Cannabis":

„Mit hohem Aufwand geht die Berliner Polizei seit November gegen Drogenhändler im Görlitzer Park vor. (…) Von Anfang des Jahres bis Juli gab es 1158 Anzeigen wegen Verstoßes gegen das Drogenverbot. 804 Verdächtige wurden ermittelt. (…) Dabei beschlagnahmte die Polizei 15 Kilogramm Marihuana. Allerdings in 28 Fällen mehr als 15 Gramm. In 1432 Strafverfahren seit November 2014 wurden 253 Fälle erhoben – das waren mehr Fälle als früher, als so gut wie alle Fälle eingestellt wurden. Dennoch wurden seit Mitte Dezember rund 860 Verfahren oft wegen geringer Mengen vor Gültigkeit der Null-Toleranz-Regel eingestellt, aber auch weil der Aufenthaltsort der Beschuldigten nicht bekannt war. In 149 Verfahren wird noch ermittelt. Hat sich der Aufwand der Polizei nun gelohnt? ,Der Preis ist zu hoch', sagte Grünen-Abgeordneter Benedikt Lux, ,umgerechnet bedeutet dies: 4,3 Polizeiarbeitsstunden, um ein Gramm Cannabis zu finden'. Er sieht in der Einsatztaktik der Polizei eine ,teure Symbolpolitik'. Legt man den 38.236 Einsatzstunden einen Preis von 19,44 Euro pro Stunde zu Grunde (…) kommt man auf 743.832 Euro für die Einsätze bis Ende Juli. Lux fordert nun einen Taktikwechsel. (…) Innensenator Frank Henkel weist die Vorwürfe, die Einsätze seien teuer erkauft, weil die Beamten woanders fehlen, zurück: ,Das zeugt von einem falschen Verständnis der Situation. Es geht nicht nur um Drogen, sondern auch um Begleiterscheinungen des Drogenhandelns, um Revierkämpfe und Gewalt. (…) Wir investieren viel Kraft, und das wird sich langfristig auswirken. Es bleibt dabei: Wir brauchen einen langen Atem.'" (Steube, 2015)

In einer dezidiert politisch-administrativen Perspektive erscheint es zunächst einmal durchaus nachvollziehbar, wenn beispielsweise im „Koalitionsvertrag von CDU, CSU und SPD: Gemeinsam für Deutschland. Mit Mut und Menschlichkeit" aus dem Jahr 2005 (S. 107) am Beispiel des bedeutsamen sozialpädagogischen Handlungsfelds der Kinder- und Jugendhilfe prominent gefordert wird:

> „Jugendhilfe sollte sich auch unter Effizienzgesichtspunkten entsprechend weiterqualifizieren; dringend muss die Lücke im Bereich der Jugendhilfe-Wirkungsforschung geschlossen werden; Jugendhilfe muss ihre Erfolge auch mit ‚harten Fakten' beweiskräftiger machen."

Mit dieser Aussage sind Ausgangspunkt und gleichsam politischer Auftrag eindeutig formuliert.

MERKSATZ

Nützliches Wissen soll durch eine evidenzbasierte, qualitative und quantitative Wirkungsforschung entstehen. Durch den Transfer dieses wissenschaftlich fundierten Wissens in die Praxis soll die Wirksamkeit der Sozialen Arbeit gesichert werden.

Die konsequente Ausrichtung an der Wirkung und somit an wirksamen Hilfen kann dazu beitragen, dass auf unterschiedlichen Ebenen Wirkungen erzielt werden (vgl. Struzyna, 2006, S. 292):

- Die Unterstützung der Adressaten der Sozialen Arbeit bzw. Leistungsempfänger wird nicht unnötig in die Länge gezogen und deren Nebenwirkungen werden nicht außer Acht gelassen.

- Die Leistungs- und Kostenträger (z. B. Jugendämter) können auf der Grundlage eines zielorientierten Vertragsverhältnisses nachweisbar wirksame Leistungen einkaufen und die Vergabe öffentlicher Mittel transparent machen.

- Die Leistungserbringer (Institutionen und Organisationen der Sozialen Arbeit usw.) können durch den Nachweis der Wirkung der von ihnen erbrachten Leistungen eine gute Marktposition erlangen und ihre Mitarbeiter motivieren.

Grundsätzlich ist das Wirtschaften in der Sozialen Arbeit aber nichts Neues: Seit jeher hat sie auch eine ökonomische Verantwortung und die Gewährleistung von gesetzlich verbürgten Rechtsansprüchen schon immer nicht nur fachlich, sondern auch wirtschaftlich zu verantworten.

Handlungsleitend für den andauernden Umgestaltungsprozess ist die Grundannahme, dass auch in allen Handlungsfeldern der Sozialen Arbeit (Kinder- und Jugendhilfe, Altenhilfe, Beratung usw.) ökonomische Prinzipien wie Markt, Wettbewerb und Konkurrenz zu einer besseren – und vor allem kostengünstigeren – Versorgung und sozialen Infrastruktur führen. Die Folgen dieses Wandels sind seit Langem unübersehbar.

> „Je offensichtlicher soziale Dienste dafür eingespannt werden, die Folgen der auf Wachstum programmierten Wirtschaft unter Kontrolle zu halten, desto nachhaltiger wird von eben dieser sozialen Tätigkeit der legitimatorische Nachweis ihrer Effizienz und Wirksamkeit verlangt." (Buestrich et al., 2008, S. 3 f.)

Die bisherigen Ausführungen zeigen, dass es ein Bündel an Anlässen und Einflüssen für den stark spürbaren Bedeutungszuwachs der Wirksamkeitsfrage in der Sozialen Arbeit gibt. Deutlich wird, dass die Frage nach Möglichkeiten und Rahmenbedingungen wirksamer Sozialer Arbeit eng verknüpft ist mit professionstheoretischen Implikationen, dass aber auch gesellschaftstheoretische Entwicklungen und sozialpolitische Vorgaben weitreichende Folgen haben.

> „Diejenigen, die Soziale Arbeit bezahlen oder über die Mittel Sozialer Arbeit entscheiden, sind dabei nach verlässlichen Kriterien für deren Wirkung zu suchen und ihre Entscheidungen von solchen Kriterien abhängig zu machen. Weil Mittel begrenzt sind und die Verantwortlichkeit für die Ausgabe von Mitteln ernst genommen wird. Es wäre unverantwortlich (überwiegend) öffentliche Mittel ohne eine Effektivität (Wirksamkeit) oder Effizienz (Relation von eingesetzten Mitteln und Ergebnis) auszugeben. (…) Die Frage nach der Wirkungsforschung ist demnach eine Frage, die zum einen von außen an die Soziale Arbeit gestellt wird, deren Beantwortung auf der anderen Seite aber von der Profession Sozialer Arbeit nachvollziehbar erfolgen muss. Nichts wäre schlechter als die Übertragung anderer fachfremder Maßstäbe auf die Soziale Arbeit oder, auf der anderen Seite, die Verschanzung hinter fachlichen Floskeln, die im gesellschaftlichen Diskurs alles andere als verständlich sind:

Annäherungen an Wirkungen versteh-, erkennbar und (wo möglich) messbar und erfahrbar machen und auf der anderen Seite zumindest den Versuch unternehmen, diese Erkenntnisse selbst für eine Wirkung (der Wirkungsforschung) offen zu machen, d. h. so zu übersetzen, dass sie im gesellschaftlichen Diskurs auch adäquat verstanden werden können." (Eppler et al., 2011, S. 10 f.)

Ob man es mag oder nicht, in der Sozialen Arbeit liegen die Dinge nicht so einfach, wie man es sich erhofft. Eine Fachkraft der Sozialen Arbeit kann nach den fachlichen Regeln richtig gehandelt haben, ohne dass sich der gewünschte Erfolg bei der Adressatin bzw. dem Adressaten eingestellt hat. Ein häufig angeführtes Beispiel ist in Praxisbeispiel 1.3 beschrieben.

PRAXISBEISPIEL 1.3:

Ein junger Mann lernt eine Freundin kennen. Plötzlich gelingt ihm Sozialverhalten und Arbeitsmoral, was vorher jahrelang trotz intensivster sozialpädagogischer und auch therapeutischer Unterstützung nicht zu gelingen schien. Was sagt uns das? War nun seine Freundin wirksam, war sie der Katalysator für die intensivpädagogischen Bemühungen? Oder was treibt diesen jungen Mann sonst an?

Forschung ist grundsätzlich als das Bemühen zu verstehen, Wissen über einen bestimmten Sachverhalt mit Methoden der Erkenntnisgewinnung nach anerkannten forschungsbezogenen Verfahren zu erzielen – d. h., sie ist systematisch und regelgeleitet. Dabei gibt es folgende Methoden der Erkenntnisgewinnung (vgl. Engelke, 2003, S. 191 ff.):

Abb. 1.2: Methoden der Erkenntnisgewinnung (vgl. Engelke, 2003, S. 191 ff.)

Die Wirkungsforschung steht vor dem Dilemma, dass über die Wirkungsweise sozialpädagogischer Interventionen und über Wirkungszusammenhänge nur wenige Erkenntnisse vorliegen. Mit Sicherheit wissen wir allerdings, dass Soziale Arbeit positive Folgen hat (und diese noch verbessert werden können) und dass ihre Wirkungen nicht einem mechanischen oder einem einfachen, kausal erklärbaren Prinzip folgen. Auf die Schwierigkeiten, Wirksamkeit zu garantieren, wird später noch ausführlich eingegangen. Zunächst einmal ist zu klären, was Evidenz überhaupt ist und wie bzw. ob Wirkungen messbar sind.

1.3 Wirkungen sichtbar machen: Grundzüge der Evidenz als wissenschaftliches Paradigma

Etymologisch gesehen, bedeutet „evidente Schlussfolgerung", dass deren Gültigkeit und Offensichtlichkeit keine empirische Untermauerung und keinen Beweis benötigen, da diese „offenkundig" sind (*evidentia*), „klar und deutlich" vor Augen stehen (*enargeia*), augenscheinlich „auf der Hand" liegen, verstanden werden können. Der Etymologie des Begriffs zufolge bedeutet Evidenz, dass man etwas mit Sicherheit weiß, weil man es gesehen hat (*videre*). Kritik und Skepsis prallen am Evidenten ab. Aber kann und darf man seinen Augen trauen (vgl. Kamecke, 2009, S. 11)?

Dennoch gibt es Evidenz. So existieren absolute, wahrnehmungsevidente Selbstverständlichkeiten (etwa „Ich lebe hier und heute"). Vor allem entscheidet der gesunde Menschenverstand, was klar und eindeutig, für alle einsichtig und unbezweifelbar ist. Zu wenig Berücksichtigung findet jedoch, dass diese Evidenz in der Regel auf der Entscheidung für eine (!) Wahrheit beruht und damit darauf fußt, zu wissen, was richtig ist (vgl. Kamecke 2009, S. 15).

Die in vielen Wissenschaften (Medizin, Politikwissenschaften, Public Health, Soziale Arbeit usw.) verstärkt diskutierte Evidenzbasierung fußt allerdings auf einem diametral entgegengesetzten Begriffsverständnis. Ihre Bedeutung stimmt eher mit der des englischen Begriffs *evidence* überein: Evidenz als Nachweis und Begründung der Wirksamkeit einer Intervention oder Maßnahme, eines Programms. Darauf aufbauend wird im „Taschenwörterbuch Soziale Arbeit" evidenzbasierte Praxis als die

„Fundierung der professionellen Praxis durch das beste verfügbare Wissen (bezeichnet) und beinhaltet Aspekte wie die Zusammenfassung und den Vergleich von Forschungsergebnissen, die Nutzung von Forschung auf den verschiedenen Ebenen der Praxis und die Information der AdressatInnen über die Wissensbasis des professionellen Handelns" (Hüttemann, 2015, S. 82).

Aber wie lassen sich eigentlich nun Wirkungen beobachten? Lüders und Haubrich (2006, S. 12 ff.) arbeiten präzise heraus, dass Beobachtung und Analyse von Wirkungen drei Voraussetzungen haben:

- Wirkungen müssen messbar bzw. beobachtbar sein, d.h., zu Beginn jeder Wirkungsevaluation muss die Schlüsselfrage beantwortet werden, welche Wirkungszusammenhänge als relevant erachtet werden. Dies bedeutet im Umkehrschluss, dass mit jeder Antwort auf diese Fragestellung ein Realitätsausschnitt und damit ein ausgewählter Beobachtungsausschnitt festgelegt wird.

- Wirkungen lassen sich einzig auf vorab definierte Ziele beziehen (ansonsten sind es Nebenwirkungen): So ist beispielsweise vorab zu entscheiden, ob die kurz-, mittel- oder langfristigen Wirkungszusammenhänge interessieren.

- Wirkungen haben etwas mit Zeit zu tun, denn erst zwischen der Ursache einer Intervention und der daraufhin durchgeführten bzw. implementierten Maßnahme oder Intervention ist überhaupt eine Wirkung oder ein Effekt zu beobachten (vgl. Abb. 1.3).

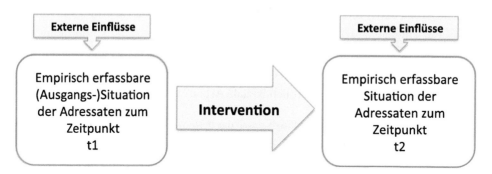

Abb. 1.3: Grundmodell einer Wirkungsevaluation (vgl. Schrödter; Ziegler, 2007, S. 19)

Eigentlich scheint alles klar und eindeutig zu sein: Wir glauben zu wissen, was eine Wirkung ist und gehen davon aus, dass zu einer Wirkung eine oder mehrere Ursachen gehören. Damit wird jeder Wirkung eine Ursache zugeschrieben, sofern beide beobachtbar sind.

In diesem allgemeinen Verständnis stellt Wirkung den Effekt von Eingriffen und Interventionen dar und beruht auf der Annahme einer Ursache-Wirkungs-Kette. Wirksamkeit liegt dann vor, wenn eine vorab definierte Zielvorgabe durch eine kalkulierte Maßnahme oder Intervention die beabsichtigte oder erwartete Wirkung hat. Ein solches Verständnis, das auf einem Denken in Kausalzusammenhängen beruht, wird im Rahmen einer evidenzbasierten Praxis umgesetzt.

Die evidenzbasierte Praxis ist in den 1990er-Jahren mit dem Aufschwung der klinischen Epidemiologie in der Medizin entstanden. Mittlerweile ist sie ein Konzept, das in weiteren humanwissenschaftlichen Arbeitsbereichen Anwendung findet – so beispielsweise in der Evidence-based Public Health (vgl. Gerhardus et al., 2010) und der Suchtprävention (vgl. Hoff; Klein, 2015). In der Sozialen Arbeit wird dieses Konzept ebenfalls diskutiert (etwa Sommerfeld; Hüttemann, 2007; Otto et al., 2010).

Eine erste Antwort auf die Frage, was unter evidenzbasierter Medizin zu verstehen ist, gibt deren Begründer:

> „Evidence-based medicine (EBM) is the integration of best research evidence with clinical expertise and patient values." (Sackett et al., 2000, S. 1)

In dieser knappen Definition wird angedeutet, dass in der evidenzbasierten Medizin die folgenden hierarchisch angeordneten Evidenzstufen (*levels of evidence*) zur empirischen Wirkungsforschung gelten, also Wissen mit unterschiedlichen Graden der Gültigkeit (vgl. McNeece; Thyer, 2004, S. 10; zur unterschiedlichen Datengrundlage der Untersuchungsdesigns vgl. Döring; Bortz, 2016, S. 181–220, 356–429; Micheel, 2010, S. 54 ff.):

1. **systematische Reviews bzw. Metaanalysen von randomisierten Kontrollstudien** (*systematic reviews/meta analyses*): Die Metaanalyse hat sich als quantitatives Verfahren etabliert. Bei einer Metaanalyse (bzw. systematischen Übersichtsarbeit) werden die Befunde mehrerer direkt vergleichbarer (= randomisierter kontrollierter) Forschungsstudien zum selben Thema, die den denselben Effekt zu vergleichbaren Untersuchungsbedingungen untersuchen, zu einem Gesamtergebnis statistisch aggregiert bzw. zusammengefasst.

2. **randomisierte Kontrollstudien/Experimentalstudien** (*randomized controlled trials*): Die randomisierte kontrollierte Studie bzw. experimentelle Studie bildet für die Prüfung einer Kausalhypothese künstliche, exakt vergleichbare Experimental- und Kontrollgruppen nach dem Zufallsprinzip, d. h. der zufälligen Zuordnung der Versuchspersonen zu mindestens zwei Gruppen. Im Untersuchungsprozess werden diese systematisch unterschiedlich behandelt und die in der Experimental- und Kontrollgruppe resultierenden Effekte auf die abhängige(n) Variable(n) gemessen.

3. **Quasi-Experimentalstudien** (*quasi-experimental studies*): Zur Prüfung einer Kausalhypothese wird in einer quasi-experimentellen Studie auf einfach vorgefundene oder anderweitig gebildete Gruppen zurückgegriffen (d. h., es findet keine Randomisierung statt). Die Experimental- bzw. Untersuchungsgruppe und die Kontrollgruppe werden (ebenso wie im echten Experiment) zunächst systematisch im Sinne des untersuchten Ursachenfaktors gezielt unterschiedlich behandelt, um infolgedessen den kausalen Einfluss einer oder mehrerer abhängiger Variablen zu messen.

4. **Fallkontroll- und Kohortenstudien** (*case-control and cohort studies*): Bei der Fallkontrollstudie als ein weiteres nicht-experimentelles Untersuchungsdesign wird eine Stichprobe von Fällen gezogen, in denen die interessierende Wirkung bereits sichtbar bzw. eingetroffen ist. Diesen Fällen wird eine möglichst genau passende Stichprobe von Kontrollpersonen (bzw. Kontrollgruppe) gegenübergestellt, die von der Wirkung nicht betroffen sind. Anschließend wird rückwirkend (d. h. retrospektiv) erhoben, ob und inwiefern die beiden Gruppen früher den vermuteten Ursache- oder Risikofaktoren ausgesetzt waren. Die Aussagekraft von retrospektiven Studien steigt, wenn eine Kohorte miteinander verglichen wird. Kohorte meint ein bestimmtes abgrenzbares Aggregat von Personen (eine Bevölkerungsgruppe, gleichaltrige Personen, Studienanfänger im ersten Semester, Scheidungen usw.), das das gleiche spezielle Lebensereignis innerhalb einer bestimmten Zeitspanne erfahren hat.

5. **präexperimentelle Gruppenstudien** (*pre-experimental group studies*): Präexperimentelle Studien folgen zwar grundlegenden experimentellen Untersuchungsschritten, schließen aber keine Kontrollgruppe ein und ermöglichen somit keinen Vergleich mit anderen Gruppen. Bei einer Gruppenstudie wird eine Stichprobe von Personen aus der interessierenden Grundgesamtheit (z. B. Besucher aller Jugendeinrichtungen in einer Großstadt) untersucht und zusammenfassend betrachtet. In Abhängigkeit von Art und Größe der Stichprobe werden nun aus den mehr oder weniger generalisierbaren Erkenntnissen der Stichprobenergebnisse Ursache-Wirkungs-Relationen für die Gesamtheit gewonnen bzw. postuliert (z. B. quantitative Aggregatwerte wie Mittel- und Prozentwerte, Korrelationskoeffizienten).

6. **Befragungen** (*surveys*): Die Standarderhebungsinstrumente der quantitativen Befragung sind der Fragebogen (bzw. die schriftliche Befragung) und das quantitative Interview. Bei der quantitativen Fragebogenmethode werden Personen in schriftlicher Form und bei dem quantitativen Interview Einzelpersonen oder Gruppen zielgerichtet, systematisch und regelgeleitet zu ausgewählten Aspekten ihres Wissens, Erlebens und Verhaltens befragt. Unabhängig von der gewählten Erhebungsform lassen sich durch unterschiedliche Vorgaben der Frageformulierung, der Fragenreihenfolge und durch vorgegebene Antwortmöglichkeiten mehrere Grade der Standardisierung (vollstrukturiert bzw. standardisiert, teilstandardisiert, nicht oder schwach standardisiert) unterscheiden.

7. **qualitative Studien** (*qualitative studies*): Qualitative Studien zielen vor allem auf eine vorrangig sinnverstehende und deutende (= interpretative) Rekonstruktion sozialer Phänome in ihrem jeweiligen Kontext ab, wobei es primär auf die Sichtweisen und Selbstdeutungen der beteiligten Personen ankommt. Die komplexe, möglichst detaillierte Perspektive auf die Eigenheit des Einzelfalls und die Berücksichtigung von dessen Einbindung in die alltägliche Lebenswelt (= Alltagsnähe) stellen wesentliche Ansprüche qualitativer Studien dar.

Eine zweite, ausführlichere Evidenzdefinition findet sich im „Manual Patienteninformation" (vgl. Sänger et al., 2006, S. 7), die ausdrücklich Bezug nimmt auf diese Hierarchie der Evidenz:

> „Eine Information ist dann → **evidenzbasiert**, wenn Aussagen zu Untersuchungen und Behandlungsmöglichkeiten mit wissenschaftlichen Quellen belegt sind, welche zum Zeitpunkt der Erstellung die besten und aussagekräftigsten Daten zum betreffenden Problem beinhalten. Am besten wissenschaftlich untermauert gelten Erkenntnisse, die auf → **systematischen Übersichtsarbeiten**, → **Metaanalysen** oder → **randomisierten kontrollierten klinischen Studien** beruhen. Die am wenigsten wissenschaftlich gesicherten Daten sind Ergebnisse einer → **konsentierten Meinung** von spezialisierten Fachleuten (Experten), da sie auf subjektiven Einzelerfahrungen beruhen und nicht auf systematischer Forschung. In allen Fällen handelt es sich jedoch um → **Evidenz**. Diese kann also – in Abhängigkeit vom Grad der wissenschaftlichen Absicherung – mehr oder weniger stark sein."

ÜBUNG 1.3:

Entwerfen Sie ein Schaubild, das die Stufen der Evidenz verdeutlicht.

Kurzum: Die Ausgangslage einer evidenzbasierten Praxis ist vor allem durch das Anliegen gekennzeichnet, den Graben zwischen systematischer (medizinischer usw.) Forschung und Praxis zu schließen. Maßnahmen zu bevorzugen, die in wissenschaftlichen Studien überzeugt haben, gehört auch in der Medizin zur guten Praxis. Gemeint ist aber nur solches Forschungswissen, das bestimmten strengen wissenschaftlichen Standards genügt; Erfahrungs- und Expertenwissen hat damit einen geringeren Stellenwert (vgl. Evidenzstufen).

Evidenzbasierte Praxis gliedert sich idealtypisch in sechs Schritte (vgl. Mullen et al., 2007, S. 14 ff.), die kooperativ und unter Einbezug von Kollegen und Adressaten zu erfolgen haben (vgl. Tab. 1.2).

Tab. 1.2: Schritte der evidenzbasierten Praxis (vgl. Mullen et al., 2007, S. 14 ff.)

SCHRITT	HANDLUNG
1	Formulierung der Informationsbedürfnisse als beantwortbare Frage
2	Recherche der besten Evidenz zur Beantwortung der gewählten Fragestellung
3	kritische Bewertung der vorliegenden Evidenz in Bezug auf ihre Wahrheitsnähe (Validität), ihre Auswirkungen (Effekt- und Wirkungsgröße) und ihre Nützlichkeit in einem bestimmten Bereich oder Handlungsfeld (Anwendbarkeit)
4	Zusammenführen der kritischen Bewertung mit den praktischen Erfahrungen der Stärken, Wertvorstellungen sowie Lebensumständen der Klienten (bzw. Adressaten)
5	Beurteilung der eigenen Effektivität und Effizienz bei der Durchführung der Schritte 1–4 und Evaluation der Ergebnisse und des Interventionsverlaufs; eventuell Revision
6	Weitergabe der Erfahrungen mit diesem Konzept an andere Teammitglieder oder Kollegen zwecks Weiterverbreitung der evidenzbasierten Praxis

MERKSATZ

Wirksamkeit wird verstanden als eine beabsichtigte Veränderung, die, hinreichend empirisch kontrolliert, plausibel auf eine Intervention oder Maßnahme zurückzuführen ist.

Vor dem Horizont des bisher Gesagten stellt sich aber zwangsläufig die Frage: Birgt das der evidenzbasierten Praxis zugrunde liegende Denken in Kausalzusammenhängen verkürzende Vereinfachungen? Wie oben aufgezeigt, führt Wissen(schaft) mitnichten zur Wahrheit an sich, sondern ist als solche nur sicher im Bewusstsein der Subjektivität der Fragestellung und der Begrenztheit der Aussagekraft der gewählten Forschungsmethode.

Auch die Medizin kann sich nicht durchgängig eindeutiger Ergebnisse rühmen. Ein (ebenso irritierendes wie charakteristisches) Beispiel aus der Medizinforschung, das im renommierten Deutschen Ärzteblatt (vgl. Beispiel 1.4) angeführt wird, verdeutlicht, dass Wissenserzeugung und Kausalzusammenhänge nicht per se unabhängig von äußeren Einflüssen sind. Es zeigt darüber hinaus, dass das, was im jeweiligen Einzelfall unter gesichertem Wissen verstanden wird, je nach Interessenlage verschieden sein kann: So können etwa Forschungsstudien, die von der Pharmaindustrie finanziell gefördert werden, für die untersuchte Substanz positivere Ergebnisse erbringen, als dies anderweitig finanzierte Studien tun würden. Oder pointiert gesagt: Manches vermeintlich gesicherte wissenschaftliche Wissen ist gar nicht so sicher, und Forschung hält nicht (immer), was sie verspricht.

PRAXISBEISPIEL 1.4:

„Was würden Sie sagen, wenn der Ausgang eines Fußballspiels von einem der Vereine mit 5:0 und vom gegnerischen Verein mit 3:1 gemeldet würde, und zwar jeweils für die eigene Mannschaft? Genau dies ist das Ergebnis einer der 57 Studien, die Schott et al. für ihre systematische Übersichtsarbeit auf den folgenden Seiten zur Frage des Zusammenhangs von Finanzierung und Ergebnissen von Arzneimittelstudien ausgewertet haben: In fünf Studien hat die Firma Lilly ihre Substanz Olanzapin mit Risperidon verglichen (Ergebnis: 5:0 für Olanzapin) und in vier Studien die Firma Janssen ihr Risperidon mit Olanzapin (Ergebnis 3:1 für Risperidon)." (Klemperer, 2010, S. 277)

Die Frage, welche Studien und welche Fakten als Evidenz gelten, ist umstritten. Beispiel 1.4 verdeutlicht die Verflechtung von Wissenschaft und Industrie, zeigt aber darüber hinaus, dass auch in der Medizin die Probleme und Grenzen der evidenzbasierten Praxis erkannt werden:

„Medizin als Wissenschaft unterliegt (…) derselben Beschränkung, die der Wissenschaft als solcher auferlegt ist. Wir müssen uns vergegenwärtigen, dass Wissenschaft deswegen so erfolgreich ist, weil es zurzeit der einzige Weg ist, sichere Erkenntnis – Wissen – anzueignen. Dieses sichere Wissen allerdings, und das wird häufig vergessen, ist ein relatives. (…) Wissenschaftliches Wissen ist immer Vermutungswissen." (Zöller, 2014, S. 77)

Unzweifelhaft erscheint es verheißungsvoll, dass es einen kausalen Zusammenhang zwischen dem Einsatz zielgerichteter Programme, Angebote, Maßnahmen und den avisierten Entwicklungen und (Personen-)Veränderungen gibt. Dies setzt aber voraus, dass sozialpädagogisches Handeln rational kalkulierbar ist. Soziale Arbeit ist allerdings durch ein Technologiedefizit geprägt, dass das Denken und Beobachten in schlichten Kausalzusammenhängen (Ursache – Wirkung) infrage stellt.

Mit einer solchen Positionierung wird an das Technologiedefizit der Erziehung und Pädagogik von Luhmann und Schorr (1982, S. 7) angeschlossen:

> „Kein Erzieher kann ohne die Annahme auskommen, dass er Möglichkeiten habe, den, den er erzieht, zu verändern. Ein Verzicht auf Kausalität käme dem Verzicht auf die Rolle des Erziehers gleich. Andererseits wird der Erzieher nicht die Vorstellung haben, dass der Mensch, den er erzieht, sein Werk sei. Die Erziehung bringt ihren Gegenstand nicht hervor, sie setzt ihn vielmehr als selbsttätiges Wesen voraus."

Dies vermag zu erklären, dass kein eindeutiger Zusammenhang beispielsweise zwischen fachlich begründetem Handeln und den dadurch hervorgerufenen Folgen und Effekten und somit keine deterministischen Kausalzusammenhänge hergestellt werden können.

> „Kausalitäten gibt es nicht als solche, sondern sie sind Ergebnisse von Beobachtungen, und je nachdem, wer was wie beobachtet, ist damit zu rechnen, dass die Kausalzusammenhänge unterschiedlich beschrieben werden. (…) Mit anderen Worten: Es bedarf rahmender Konzepte, die den Kausalzusammenhang plausibel machen." (Lüders; Haubrich, 2006, S. 10)

MERKSATZ

Kausale Zusammenhänge von Methoden, Verfahren und Techniken Sozialer Arbeit zur planmäßigen Veränderung von Menschen lassen sich nur beobachten und nachweisen, wenn relevante Akteure es als plausibel annehmen.

Diese Grundannahme macht es aber trotzdem notwendig, eine an den Adressaten orientierte Wirkungsforschung in der Sozialen Arbeit zu etablieren.

Zusammenfassung

Das in der Medizin entwickelte Evidenzverständnis und die damit einhergehende radikale Polarisierung von Wissen und Nichtwissen sind nicht einfach auf die Soziale Arbeit übertragbar. Die evidenzbasierte Medizin verspricht und erhebt den Anspruch, gesichertes, messbares und generalisierbares Wissen über das, was wirksam ist und wirkt, hervorzubringen. Dies wird in der Sozialen Arbeit anders diskutiert.

Es lassen sich zwei Konfliktlinien ausmachen:

- auf der einen Seite die evidenzbasierte Soziale Arbeit
- auf der anderen eine Soziale Arbeit, die als ihren Kern Folgendes bestimmt:
  - die spezifischen Fähigkeiten des reflexiven Umgangs mit Wissen und Können
  - die für das professionelle Handeln konstitutiv eingelagerten Ungewissheiten, Unsicherheiten, Widersprüche und Fehlerquellen

Eine solche reflexive Professionalität in der Wissensgesellschaft folgt gleichsam dem Postulat einer „guten" Sozialen Arbeit, die ihr Handeln wissenschaftlich begründet und für Dritte nachvollziehbar macht. Dies geschieht aber nicht auf einer evidenzbasierten Grundlage, nach der Evidenz stets Wissen über kausale Zusammenhänge ist und das Wissen über Ursache-Wirkungs-Zusammenhänge zur bewussten, planbaren Herbeiführung gewünschter Wirkungen führt.

Fachpraktische Einwände und professionstheoretische Kritik gegen eine evidenzbasierte Praxis erscheinen berechtigt. Trotzdem hat vor allem in Reaktion auf die Nachfrage aus Politik und Verwaltung nach Leistungsmessung und Evaluation, nach politisch-administrativer strategischer Steuerung und Wirkungsorientierung eine komplexe Effektivitäts- und Wirksamkeitsdebatte in der Sozialen Arbeit entfacht. Aber auch die Soziale Arbeit (als Disziplin, Profession und Praxis) selbst hat ein reges Interesse an ihrer Wirkorientierung und Wirksamkeit. In diesem Kontext ist es unbestritten, dass Soziale Arbeit der politischen Administration selbstverständlich – soweit möglich – Zahlen, Daten und Fakten über die Wirkungen der Sozialen Arbeit bereitstellen sollte, die für das Steuerungshandeln relevant erscheinen.

Aufgaben zur Selbstüberprüfung

AUFGABE 1.1:

Welche Bedeutung haben Wissen und Ungewissheit für das professionelle Handeln?

AUFGABE 1.2:

Was sind die drei zentralen Qualitätsdimensionen, die von Donabedian entwickelt wurden?

AUFGABE 1.3:

Welche Methoden der Erkenntnisgewinnung gibt es?

AUFGABE 1.4:

Nicht alle Formen von Untersuchungen sind gleichermaßen gut geeignet, um Wirkungszusammenhänge festzustellen. Welche Hierarchie zuverlässiger Wirkungsstudien haben Aaron McNeece und Bruce Thyer mit welcher Begründung vorgeschlagen?

Mögliche Lösungen zu den Aufgaben zur Selbstüberprüfung finden Sie auf den Seiten 117 ff.

2 Messen, zählen, schätzen: Ist Soziale Arbeit messbar? Von der Forschung zum wirkungsbasierten Handeln

Nach der Bearbeitung dieses Kapitels können Sie einschätzen, warum einerseits die Zielbestimmung ein schwieriger Prozess ist und andererseits Wirkungen in der Sozialen Arbeit nicht Folge schlicht statistischer Zusammenhänge sind. Vor diesem Hintergrund lernen Sie, ausgewählte Wirkungsstudien zu beschreiben.

Die Soziale Arbeit hat die Frage zu beantworten, was sie mit den zur Verfügung gestellten Mitteln erreicht, wie sie wirkt und was für wen unter welchen Bedingungen wirkt. In aller Regel vollzieht sich die Wirkungsforschung, indem empirisch geprüft wird, was tatsächlich geleistet wird und inwieweit die im Vorfeld definierten Ziele erreicht wurden.

Das evidenzbasierte Paradigma, das nur das zählen soll, was wirkt, setzt die Soziale Arbeit als Erbringerin sozialer Dienstleistungen unter Druck. Auch wenn eine Neuausrichtung Sozialer Arbeit auf der Basis wissenschaftlich nachweisbarer Wirksamkeitskriterien, die mit dem Konzept der evidenzbasierten Praxis hereingeht, fachlich höchst umstritten ist, ist Soziale Arbeit nichtsdestotrotz aufgefordert, Antworten zu finden auf Fragen wie:

- ↗ Wie können Wirkungen sichtbar gemacht werden?
- ↗ Welche Wirkungen sind von Interesse und wie kann man sie erkennen?
- ↗ Wie können die Erkenntnisse über Wirkungen für die Praxis genutzt werden?
- ↗ Was darf man von der Struktur sozialpädagogischen Handelns, gerade auch unter der charakteristischen Kontingenz, an Wirkungen erwarten?
- ↗ Womit überhebt man sich, wenn man etwas messen will?

Der Wirkungsforschung kommt bei der Beantwortung solcher Fragen eine hohe Bedeutung zu. Darüber hinaus sind diese Fragen aber auch wichtig bei der Generierung von Wissen, bei Erkenntnissen im Bereich der Wirkungen, bei deren Darstellung im öffentlichen Diskurs wie auch bei der Rezeption von Forschungsergebnissen in der Praxis.

Bereits in Kapitel 1 wurde der Konstruktionscharakter der Wirksamkeit Sozialer Arbeit aufgezeigt. Als zentrale Merkmale dieser Diskussion, die zugleich die Paradigmen einer Wirkungsforschung in der Sozialen Arbeit markieren, lassen sich unter anderem festhalten:

- Trotz aller professionstheoretischer Vorbehalte und Einschränkungen hat die Forderung an die Soziale Arbeit, deutlicher zu benennen, auf welche Weise sie mit welchen zu erwartenden Wirkungen handelt, ihre Berechtigung. Auch wenn Profession und Wirkung zwei ganz unterschiedliche Konzepte sind, ist für jede Profession das Wissen um Wirkungen der professionell tätigten Fachkräfte und damit die Wirkorientierung eine Selbstverständlichkeit.

- Wirkungen lassen sich nur im Hinblick auf konkrete Ziele bestimmen, indem sie den Grad der Zielerreichung bestimmen, aber auch Wirkungsfaktoren in den Fokus der Forschungsbemühungen stellen (vgl. Boecker, 2015, S. 131 f.). In dieser Situation wissen die Fachkräfte der Sozialen Arbeit nicht sicher, welchen Beitrag sie auf welche Art und Weise leisten müssen, um die vereinbarten Ziele zu erreichen (vgl. Hüttemann, 2011, S. 59).

- Die Bewertung der Wirkung ist konstitutiv abhängig von den unterschiedlichen Sichtweisen der handelnden Akteure, ihren Interessen, Erwartungen und Einflusspotenzialen. Die Auswahl der Wirkungskriterien und die Interpretation der Ergebnisse sind an die Perspektive der Betrachtung gebunden. In dieser Situation sind Interessenskollisionen nicht auszuschließen (vgl. Macsenaere; Esser, 2015, S. 18 ff.).

- Empirische Wirkungsstudien geben die Wirksamkeit von Maßnahmen bzw. von Interventionen „nicht in einem ursächlichen, sondern in einem wahrscheinlichkeitstheoretischen Sinne an" (Macsenaere; Esser, 2015, S. 49). Die Konstruktion eines Kausalzusammenhangs zwischen ursächlichem Impuls (= sozialpädagogisches Handeln) und zeitlich versetzter Zustandsveränderung (= Veränderung des Verhaltens oder der Einstellungen bei einem oder mehreren Adressaten) kann angesichts fehlender konsistenter Ursache-Wirkungs-Bezüge in der Sozialen Arbeit in der Konsequenz einzig auf der Ebene von Plausibilitätsannahmen der Wirksamkeit einer Maßnahme bzw. Intervention beschrieben werden (vgl. Macsenaere; Esser, 2015, S. 13).

2.1 Aufgaben und Ansprüche einer Wirkungsforschung in der Sozialen Arbeit

Die Frage nach der Wirkungsforschung muss an die Soziale Arbeit gestellt und von ihr nachvollziehbar beantwortet werden. Wirkungsforschung in der Sozialen Arbeit sollte dabei zweierlei leisten: auf der einen Seite

> „Annäherungen an Wirkungen versteh-, erkennbar und (wo möglich) messbar und erfahrbar machen und auf der anderen Seite zumindest den Versuch unternehmen, diese Erkenntnisse selbst für eine Wirkung (der Wirkungsforschung) offen zu machen, d. h. so zu übersetzen, dass sie im gesellschaftlichen Diskurs auch adäquat verstanden werden können" (Eppler et al., 2011, S. 11).

Irgendwie erscheint es paradox:

MERKSATZ

Soziale Arbeit will Wirkungen erzielen, steht aber vor der Schwierigkeit, diese auch darzustellen. In dieser Situation hat Wirkungsforschung eine hohe Konjunktur.

Die Evidenzbasierung, also der Rückgriff auf die Ergebnisse der Wirkungsforschung, verspricht, das Recht der Adressaten auf Informationen zu Wirkungen und Nebenwirkungen sozialpädagogischer Maßnahmen und Interventionen einzulösen, die Passgenauigkeit von Interventionen zu verbessern, zur Verbesserung der Lebensverhältnisse der Adressaten beizutragen und empirisch zu klären, was „gute" Soziale Arbeit ist (vgl. Tab. 2.1).

Tab. 2.1: Allgemeine Ziele der Evidenzbasierung

EVIDENZBASIERUNG VERSPRICHT, ...

1. das Recht der Adressaten auf Informationen zu Wirkungen und Nebenwirkungen sozialpädagogischer Maßnahmen und Interventionen einzulösen.

2. die Passgenauigkeit von Interventionen zu verbessern.

3. zur Verbesserung der Lebensverhältnisse der Adressaten beizutragen.

4. empirisch zu klären, was „gute" Soziale Arbeit ist.

Eine entscheidende Frage bei der Betrachtung von Wirkungen in der Sozialen Arbeit ist jedoch: „Was zählt als Wirkung und wer steht in der Verantwortung, diese zu erzielen?" (Albus; Ziegler, 2013, S. 177)

Um die Arbeit in der Sozialen Arbeit zu legitimieren, müssen anerkannte Methoden und Verfahren der Wirkungsmessung zum Einsatz kommen. Auch müssen die Mindeststandards der empirischen Sozialforschung eingehalten werden. Die dafür geltenden Hauptgütekriterien wurden in Abbildung 2.1 zusammengefasst.

Hauptgütekriterien

 ### Objektivität
Unabhängigkeit der Ergebnisse des Verfahrens
vom Anwender

 ### Reliabilität
Zuverlässigkeit und Genauigkeit der Messung

 ### Validität
Gültigkeit; wird das gemessen, was gemessen
werden soll?

Abb. 2.1: Hauptgütekriterien der empirischen Sozialforschung (vgl. Döring; Bortz, 2016, S. 81 ff.)

Es gibt unterschiedliche Auffassungen darüber, welche Forschungsmethoden zu validen Befunden führen und Aussagen über Wirkungsorientierung überhaupt ermöglichen.

Grundsätzlich lassen sich in der Wirkungsforschung zwei konkurrierende Richtungen unterscheiden (Polutta, 2014):

1. „Das ‚Testen' der Effektivität von klar umschriebenen Interventionen für bestimmte Personengruppen unter definierten (Labor-)Bedingungen" (S. 66). Eine solche quantitative Wirkungsforschung erschöpft sich nicht im Testen von Hypothesen, sondern ist „explorativ und rekonstruktiv nach Zusammenhängen, Wahrscheinlichkeiten und Regelmäßigkeiten in Bezug auf theoretisch zu bestimmende Wirkungsziele ausgerichtet" (S. 74). Um Aussagen zur Wahrscheinlichkeit des Eintretens eines bestimmten Phänomens zu ermöglichen, werden beispielsweise in randomisierten Kontrollexperimenten eindeutig beschreibbare Interventionen experimentell darauf getestet, welche Wirkungen sie für einen eindeutig beschreibbaren Personenkreis haben können. Ein weiterer quantitativer Zugang der Wirkungsforschung greift auf die vorhandenen Datenquellen zurück und stellt im ersten Schritt die Befunde in einer umfangreichen Sammlung von Kontextdaten bzw. Kontextmerkmalen zusammen. Auf dieser Basis wird im zweiten Schritt analysiert, welche Kontextfaktoren bedeutsam für das Zustandekommen von Wirkungen sind.

2. „Die Identifikation von Wirkmechanismen und Wirkfaktoren in pädagogischen Praxen unter realen Bedingungen" (S. 66). Bei der Rekonstruktion der Art und Weise des Zustandekommens, Gelingens oder Scheiterns von Hilfeprozessen können neben Quasi-Experimentalstudien und Kontextdaten analysierender Längsschnittstudien auch qualitative Verfahren (Interview, Dokumentenanalyse, Beobachtung etc.) eingesetzt werden.

MERKSATZ

Insgesamt geht es der Wirkungsforschung um die systematische Untersuchung der Überprüfung der Wirksamkeit von zielgerichteten Maßnahmen, Leistungen und Programmen und deren anschließende Bewertung.

Die erzielten Ergebnisse müssen nachvollziehbar auf einer aussagekräftigen und wissenschaftsfundierten Datengrundlage beruhen und verallgemeinerbare Ergebnisse liefern. In dieser Perspektive zählen Formen der Selbstevaluation nicht zur Wirkungsforschung, da die Akteure selbst an der Dokumentation ihres eigenen Handelns beteiligt sind und eine Verzerrung der Wirkungsmessung nicht auszuschließen ist (vgl. Micheel, 2013, S. 183). Gleichwohl hat Wirkungsforschung unbestritten Schnittstellen mit einer (summativen oder auch wirkungsorientierten) Evaluation, der es ebenfalls um den Nachweis der Effektivität, Effizienz und Nachhaltigkeit von Projekten und Programmen geht (vgl. Stockmann; Meyer, 2014, S. 80).

ÜBUNG 2.1:
Recherchieren Sie auf der Homepage der Gesellschaft für Evaluation e. V. (DeGEval), welche drei Hauptziele die DeGEval verfolgt und wie in der prominenten Handreichung „Standards der Evaluation (2008)" der bewertende Charakter von Evaluationen formuliert wird.

Umstritten ist jedoch, ob nur solche Studien in die Wirkungsforschung einbezogen werden sollen, die in der Wirkungsanalyse eine Kontrollgruppe berücksichtigen. Wird aber davon ausgegangen, dass nur dann von einer wirksamen Maßnahme gesprochen werden kann, wenn das gemessene Ergebnis in eine direkte Verbindung zur evaluierenden Maßnahme gebracht werden kann, dann sind Experimentaldesigns, in denen Personen nach dem Zufallsprinzip Experimental- bzw. Kontrollgruppen zugewiesen werden, unabdingbar (vgl. Evidenz-Hierarchie von McNeece und Thyer in Kap. 1.3). Dieser methodische Zugang wird in Beispiel 2.1 verdeutlicht.

PRAXISBEISPIEL 2.1:

Bei einer randomisierten kontrollierten Studie (als Form einer Experimental-Studie) werden z. B. zehn Versuchspersonen zufällig in zwei Gruppen eingeteilt. Die Personen der sogenannten Experimentalgruppe werden dem Verfahren ausgesetzt, dessen Wirkung es zu untersuchen gilt (beispielsweise einer bestimmten Vorgehensweise/Maßnahme, z. B. einer Verhaltenstherapie). Die Personen, die der Kontrollgruppe zugeteilt werden, werden diesem Verfahren nicht ausgesetzt, erhalten eine alternative Interventionsmethode oder werden einer anderen Maßnahme ausgesetzt. Auf diese Weise soll anhand des Vergleichs zwischen den (evtl. auch nicht) eingetretenen Wirkungen bei Experimental- und Kontrollgruppe festgestellt werden, ob und wie das zu untersuchende Verfahren wirkt oder nicht.

Die Ergebnisse einer randomisierten, kontrollierten Wirkungsstudie gelten aber nur, wenn sichergestellt ist, dass in allen Experimentalsituationen die gleichen wirksamen Bedingungen gegeben sind. Für eine Wirkungsforschung speziell in der Sozialen Arbeit ist das Aufweisen einer Kontrollgruppe nicht nur methodisch diffizil und praktisch höchst problematisch. Hinzu kommt, dass eine solche Forschungspraxis in der Sozialen Arbeit in der verantwortungsethischen Reflexion schwerlich bis gar nicht zu rechtfertigen ist (vgl. Kap. 4.1).

2.2 (Wirkungs-)Ziele – in aller Unklarheit

Soziale Arbeit ist im 19. Jahrhundert als sozialreformerische Antwort auf die Soziale Frage entstanden und zeitgleich haben sich die für die Gegenwart bedeutsamen Strukturen der Handlungs- und Arbeitsfelder der Sozialen Arbeit herausgebildet. Heute ist Soziale Arbeit längst mehr als jene außerschulische und außerfamiliale Nothilfe, als die sie in der Weimarer Zeit bestimmt wurde. Im 20. Jahrhundert ist es ihr gelungen, sich als Handlungsfeld und als integraler Bestandteil der sozialstaatlichen Grundversorgung zu etablieren. Soziale Arbeit ist zu einer öffentlichen und auch weitgehend öffentlich finanzierten Aufgabe geworden, die rechtlich in den einschlägigen Sozialgesetzbüchern kodifiziert ist.

Der Auftrag der Sozialen Arbeit ist die Vermittlung zwischen Individuum und Gesellschaft im Spannungsfeld von Hilfe, Kontrolle und präventiver Intervention (vgl. Heiner, 2007, S. 101 ff.). Sie ist dabei nicht nur dem Gemeinwohl verpflichtet, sondern ihr Ziel ist insbesondere die sozial verantwortliche Selbstbestimmung und Selbstkontrolle der Adressaten über die eigenen Lebensverhältnisse, und ihr Weg ist die Optimierung von Lebenslagen und die Erweiterung der Reichweite der in der Lebenswelt der Adressaten eingelagerten Handlungsmöglichkeiten (vgl. Bitzan; Bolay, 2017, S. 107 f.). Um dieses Ziel zu gewährleisten, ist eine differenzierte, dialogische und aushandlungsorientierte Zielklärung sowohl mit den Adressaten als auch mit den Organisationen oder den Institutionen Sozialer Arbeit, die den Adressaten helfen könnten und sollten, unverzichtbar. Dies erklärt, dass die Kompetenz der Zielfindung für die Professionalität Sozialer Arbeit zentral ist.

Zu Beginn des Zielfindungsprozesses ist zu klären und zu begründen, welche Leistungsziele – und damit die Erbringung bestimmter Leistungen durch die Fachkräfte – der Sozialen Arbeit in den Blick genommen werden (z. B. fünf Stunden Sozialpädagogische Familienhilfe; jede Woche ein Gruppengespräch führen). Die Formulierung von weitgehend sicher erreichbaren, kontrollierbaren Leistungszielen erfolgt im didaktisch-methodischen Handeln in der Sozialen Arbeit, das sich vornehmlich mit dem Analysieren, der Planung, dem Durchführen und dem Auswerten von zielgerichteten Hilfe- und Unterstützungsprozessen beschäftigt.

> „Professionelle müssen ihre Situations- und Problemanalysen, die Entwicklung von Zielen und die Planung ihrer Interventionen verständigungsorientiert, mehrperspektivisch und revidierbar gestalten. Es wird von ihnen erwartet, dass sie ihre Handlungen transparent und intersubjektiv überprüfbar halten, dass sie diese berufsethisch rechtfertigen, unter Zuhilfenahme wissenschaftlicher und erfahrungsbezogener Wissensbestände (Beobachtungs- und Beschreibungswissen, Erklärungs- und Begründungswissen, Wertwissen, Handlungs- und Interventionswissen) erklären und begründen (…) können." (Spiegel, 2013, S. 609)

Mit der Formulierung von Zielen, die mit Richt-, Grob- und Feinzielen, Fern- und Nahzielen sowie lang-, mittel- und kurzfristigen Zielen in unterschiedliche Abstraktionsgrade untergliedert werden können, wird eine Handlung zu einer zielgerichteten Tätigkeit. Die beteiligten Akteure (z. B. Fachkräfte, Adressaten, Sozialverwaltung) benennen hierbei einzig den Leistungsaufwand – unabhängig davon, ob er zur erwünschten Wirkung führt oder nicht.

Bei der Formulierung von Leistungszielen sind folgende „W-Fragen" relevant (vgl. Sommer, 2009, S. 103 f.):

↗ Wohin soll der beabsichtigte Entwicklungs- bzw. Hilfeprozess führen?

↗ Welche Zielsetzungen werden vom Adressaten angestrebt?

↗ Welche Ziele hat die Fachkraft der Sozialen Arbeit?

↗ Wer (Personen, Familie, Gruppen) und was (Institutionen, Gesellschaft, Politik) beeinflusst die Ziele bzw. die Zielformulierungen mit?

↗ Welche Ziele werden warum formuliert? Wer hat zusätzlich zu den unmittelbar beteiligten Akteuren Einfluss auf die Formulierung der Ziele?

↗ Warum werden diese Ziele angestrebt? Warum wird die Umsetzung dieser Ziele angestrebt?

↗ Wann und in welchem Zeitraum findet der sozialpädagogische Hilfe- und Unterstützungsprozess statt? Wie viel Zeit steht zur Verfügung?

Im Prozess bzw. bei der Bestimmung der Leistungsziele ist zu beachten, dass Ziele nicht ausschließlich in der konkreten pädagogischen Interaktion zwischen Fachkraft und Adressat ausgehandelt werden. Vielmehr beziehen sich die Zieldiskussionen auch auf disziplinäre und professionelle Fachdiskurse, auf politisch ausgehandelte, teilweise rechtlich kodifizierte Aufgabenformulierungen und nicht zuletzt auch auf den Gebrauchswert oder Nutzen sozialer Dienstleistungen für den Adressaten (vgl. Abb. 2.2).

PÄDAGOGISCHE, ÖKONOMISCHE UND POLITISCHE ASPEKTE

Zeitperspekt. / Wirkung auf	kurzfristig	mittelfristig	langfristig
Personen (Mikroebene)			
Organisation/ Programm (Mesoebene)			
Gesellschaft (Makroebene)			

Abb. 2.2: Mögliche Blickwinkel der Wirkungsforschung (vgl. Liebig, 2016, S. 8)

Hinzu kommen weitere Aspekte, die die Zielbestimmung maßgeblich beeinflussen (können): So spielen unterschiedliche Macht- und Herrschaftsverhältnisse wie auch die Rechtfertigung von Kontrolle der beteiligten Akteure im Zielaushandlungsprozess eine Rolle (z. B. wenn eine Sozialgesetzgebung von den Adressaten die Aufnahme einer Erwerbstätigkeit verlangt, obwohl Arbeitsplätze fehlen). In der Regel hat die Position des Leistungsträgers bzw. Finanzgebers (z. B. die Sozialverwaltung) stärkeres Gewicht als die Positionen der Träger, Fachkräfte oder Adressaten.

Ein anderer Aspekt, der die Zielerreichung erschwert, ist, dass die (einzelfallbezogene) Soziale Arbeit in ihrem fachlichen Selbstverständnis nicht nur personenbezogen variabel zu agieren, sondern zudem auch situativ flexibel zu reagieren hat. Aus diesem Grund lassen sich sozialpädagogische Tätigkeiten und Prozesse im Kern nicht standardisieren.

> **MERKSATZ**
>
> Leistungsziele zu setzen, bedeutet, sie konkret zu formulieren und Veränderungen zeitlich zu planen. Sie sind Ergebnisse von Aushandlungsprozessen, die sich i. d. R. sicher erreichen und kontrollieren lassen. Über die Vorstellungen eines erwünschten Zustands und damit über Wirkungsziele ist damit allerdings noch nichts gesagt.

Es überrascht somit nicht, dass eine individualisierte Soziale Arbeit, deren wesentliches Merkmal die Individualität von Leistungszielen in Verbindung mit einer situativen Offenheit ist, im Rahmen einer Wirkungskontrolle zum Diskussionsgegenstand und Problem werden kann (vgl. Bleck, 2011, S. 128 ff.). Für Michael Winkler (2006, S. 120) kann Wirkung als pädagogische Kategorie aus diesem Grund nicht allein vom Ergebnis her definiert, sondern muss diskursiv gefasst werden. Wirkungsziele beziehen sich auf einen erstrebten Zustand und haben im sozialpädagogischen Verständnis somit immer auch die Ambiguitäten pädagogischen Handelns zu reflektieren.

In der Konsequenz bedeutet dies, dass die Wirkung von Interventionen in der Sozialen Arbeit sich gerade auch angesichts des Eigensinns der Adressaten als Subjekte, selbst bei fachlich angemessenem Handeln, nicht garantieren lässt (vgl. Heiner, 2007, S. 455). Mit anderen Worten: Wohin Soziale Arbeit führen soll,

> „was man als Ergebnis erzieherischer Prozesse sich wünschen und vornehmen mag, bleibt seltsam unbestimmt. Dies kann auch nicht anders sein, handelt es sich um Zustände und Befindlichkeiten, welche stets Ausdruck von Subjektivität sind und nur subjektiv erfasst wie ausgedrückt werden können – und zwar von den sich selbst beschreibenden Subjekten wie von ihren Beobachtern: Wir haben, so freuen sich Eltern, unser Kind ganz ordentlich erzogen. Dieses aber hat das Gefühl, gar nicht erzogen zu sein. Ist es deshalb unerzogen oder gar ungezogen?" (Winkler, 2015, S. 397).

Die bisherigen Ausführungen zeigen, dass es divergierende kontext- und beobachterabhängige Perspektiven von Wirkungszielen gibt. Daraus folgt, dass bei der Bewertung von Wirksamkeit unterschiedliche Kriterien zugrunde gelegt werden können (vgl. Abb. 2.3).

Kriterien zur Bewertung von Wirksamkeit

 Organisations- bzw. strukturelle Ebene
Beispiel: Wirkung aus Sicht der Administration,
Öffentlichkeit

 Veränderte Praxis auf Prozessebene
Beispiel: Wirkung aus Sicht der Professionellen

 Adressatenebene
Beispiel: Wirkung aus Sicht der jungen
Menschen, der Familien, der Arbeitslosen

Abb. 2.3: Kriterien zur Bewertung von Wirksamkeit (vgl. Winkler, 2006, S. 120)

In diesem Zusammenhang ist es unverzichtbar, in der Wirkungsforschung unterschiedliche Wirkungsdimensionen zu unterscheiden (vgl. Schröder; Kettiger, 2001, S. 12 ff.):

- **Output** ist die von einem Leistungserbringer erbrachte Leistung aus der Sicht von Dritten bzw. das mengenmäßige Produktionsergebnis der Organisation. (Beispiel: Beim Mahlzeitendienst in einer Heimeinrichtung besteht der Output in der Lieferung von 350 gebrauchsfertigen Mahlzeiten in den Speiseraum.)

- Mit **Effect** werden die direkt ersichtlichen und unmittelbaren, objektiv nachweisbaren Leistungs- und Interventionswirkungen bezeichnet, die unabhängig von der Wahrnehmung und Deutung der Adressatengruppe von den Fachkräften bzw. Experten festgestellt werden. (Beispiel: Beim Mahlzeitendienst besteht der Effect bei stimmiger Qualität der Leistung in einem guten Ernährungsstand oder positiv veränderten Leberwerten der Adressaten.)

- **Impact** meint die subjektiv erlebte Wirkung bei den Adressaten bzw. Leistungsempfängern, die auch auf deren Bedürfnisse und Werte zurückzuführen ist. (Beispiel: Bei den Adressaten des Mahlzeitendienstes besteht der Impact in einer besseren Tagesstruktur sowie einem höheren Grad an Zufriedenheit und Lebensfreude.)

- Als **Outcome** wird die mittelbare Wirkung der Erbringung von Leistungen auf die Gesellschaft und/oder Umwelt bezeichnet, etwa volkswirtschaftliche Effekte oder Verringerung von Kriminalität. (Beispiele: Der Outcome beim Mahlzeitendienst liegt in einem höheren Grad der Selbstständigkeit in der Lebensführung der Adressaten; vermiedene Kosten bei der Organisation von hausinterner Herstellung des Essens.)

- Die **Qualität** lässt sich einerseits an der Leistungsqualität (= Struktur- und Prozessqualität) des Outputs bestimmen und andererseits an der Ergebnisqualität, die sich auf den Effect bezieht und die Qualität der unmittelbaren, objektiven Wirkung der Leistungserbringung meint. (Beispiele für Leistungsqualität: Pünktlichkeit der Mahlzeitenlieferung, ernährungswissenschaftlich einwandfreie Mahlzeit usw.; Beispiel für Ergebnisqualität: beim Mahlzeitendienst der Ernährungsstand der Adressaten)

2.3 Wirkungsmessung in der Sozialen Arbeit: Forschungsfragen, Untersuchungsdesigns und Reflexion des empirischen Materials

Empirische Wirkungsforschung gewinnt in der Sozialen Arbeit zunehmend an Relevanz. Indikatoren sind eine Reihe wissenschaftlicher Veröffentlichungen in den letzten Jahren, die sich dezidiert mit Aspekten der Wirkung in der Sozialen Arbeit auseinandersetzen und in denen auch vielfältige Wirkungs- und Evaluationsstudien vorgestellt werden (vgl. Lindner, 2008; Otto et al., 2010; Macsenaere et al., 2010; Eppler et al., 2011; Hahn; Hüttemann, 2015).

Sieht man sich den derzeitigen Stand der Forschungsbemühungen für das Feld der Sozialen Arbeit an, so lässt sich zusammenfassend feststellen, dass sich in den meisten Studien der sozialpädagogischen Praxis das Hauptaugenmerk der empirischen Analysen vornehmlich auf die Ebene der Überprüfung eines Programms, einer Methode oder einer Maßnahme hinsichtlich ihrer Wirkungen richtet. Kontroll- oder Vergleichsgruppen sind vielfach im Untersuchungsdesign nicht vorgesehen. Weiterhin wird oftmals jede Art von Ergebnis als Wirkung bezeichnet (vgl. Micheel, 2013, S. 190). Auch die methodischen und methodologischen Fragestellungen empirischer Sozialforschung werden nur selten thematisiert. Dies findet seinen markanten Ausdruck darin, dass in den meisten vorliegenden Wirkungsstudien keine Auseinandersetzung mit Experimental- und Quasi-Experimentalstudien, Fragen interner und externer Validität, Kontextbedingungen und Wirkmechanismen oder der Datenqualität bei Längsschnittuntersuchungen stattfindet (vgl. Polutta, 2013, S. 195).

In der Konsequenz führt dies dazu, dass in der Sozialen Arbeit ein Mangel an verlässlichen Verlaufs- und Längsschnittdaten zu konstatieren ist. Verschärfend kommt hinzu, dass in vielen Studien die „Wirksamkeit nur im Kontext des machtvollen Agierens, Interpretierens und Definierens interessengeleiteter Akteure zu verstehen ist. Plausibilitätsannahmen zur Kausalität von Ursachen und Wirksamkeit unterliegen somit immer akteurspezifischen Interessen" (Boecker, 2015, S. 240). Zur Verdeutlichung des Gesagten dient das Praxisbeispiel 2.2.

PRAXISBEISPIEL 2.2:

In einer qualitativen Studie von Herriger und Kähler aus dem Jahre 2003 wird versucht zu beschreiben, was erfolgreiche Soziale Arbeit ausmacht. Hierbei wurden insgesamt 30 Leitfadeninterviews mit Fachkräften aus unterschiedlichen Handlungsfeldern der Sozialen Arbeit geführt und im Kontext von Struktur-, Prozess- und Ergebnisqualitätskriterien reflektiert.

Es zeigt sich, dass das Gros der Erfolgsbeschreibungen der befragten Praktiker sich auf positive Veränderungen in der Lebenslage und der Lebensführung der Adressaten bezieht. Deutlich weniger Bedeutung wird dem Verlauf der Zusammenarbeit zwischen Fachkraft und Adressat zugemessen. Hingegen erfährt die teambezogene Erfolgserfahrung eine hohe Gewichtung. So aufschlussreich diese Befunde auch sind, so konzentriert sich die Studie ausschließlich auf die Leistungserbringer: Leistungsträger sowie Leistungsempfänger fanden als direkte Interviewpartner keine Berücksichtigung in dieser Wirkungsstudie.

Fassen wir diese Überlegungen zusammen, so bleibt Folgendes festzuhalten:

MERKSATZ

In der Sozialen Arbeit besteht ein Bedarf an Wirkungsforschung, die die Mindeststandards der empirischen Sozialforschung einhält und ein hohes Maß an Plausibilität und Zuverlässigkeit in der Wirkungsmessung gewährleistet.

Im Horizont dieser Zustandsbeschreibung der Wirkungsmessung hat Michael Macsenaere (2015) „Zehn Leitlinien bzw. Empfehlungen zur Wirkungsmessung" vorgestellt, mit denen es – so zumindest der Anspruch – in der Kinder- und Jugendhilfe und später weiterführend auch in anderen Handlungsfeldern der Sozialen Arbeit gelingen soll, systematisch Wirkungen zu messen. Die daraus resultierenden Ergebnisse sollen anschließend in der Praxis alltagstauglich einsetzbar sein. Im Folgenden werden diese zehn Leitlinien vorgestellt (vgl. Maesenaere, 2015):

Leitlinien bzw. Empfehlungen zur Wirkungsmessung

1. Wirkungsmessung ist auf die **Ebene des Einzelfalls** zu beziehen, um harte Daten zu erzielen. Jeder Einzelfall ist mit den gleichen methodischen Instrumenten und Verfahren zu erheben, damit gewährleistet ist, dass die jeweiligen Daten aggregiert bzw. zusammengeführt und so für übergeordnete Ebenen (Gruppe, Einrichtung, Region etc.) genutzt werden können.

2. Um mit einer Evaluation die Wirkung einer Intervention bzw. Maßnahme und damit Veränderungen zuverlässig abbilden zu können, ist ein **Längsschnittdesign** der Studien unverzichtbar. Dabei werden zu mindestens zwei Zeitpunkten – vor dem Beginn einer Intervention und nachdem diese durchgeführt wurde – Daten erhoben (= Prä-Post-Design). Da es bei der Entscheidung für oder gegen ein bestimmtes Verfahren bzw. eine Intervention wichtig zu wissen ist, ob dessen bzw. deren Wirkung auch langfristig anhält, ist es aussagekräftiger, wenn die Adressaten zu mehreren Zeitpunkten, nachdem sie dem Verfahren bzw. der Intervention ausgesetzt waren, auf das Fortbestehen der Wirkung untersucht werden.

3. Eine **prospektive, hilfebegleitende Datenerhebung** ist erforderlich, da diese Form zu vollständigeren und erheblich zuverlässigeren Daten führt als retrospektive Erhebungen, bei denen rückblickend das Erhobene untersucht wird.

4. Die Wirkungsforschung hat sich in ihrer **Ergebnisorientierung** auf die pädagogische Arbeit zu fokussieren. Wichtig ist es hierbei, Veränderungen der Defizite, der Ressourcen des Adressaten und seines Umfelds gleichzeitig in den Blick zu nehmen.

5. Ergänzend zur Fokussierung auf Ergebnisse pädagogischer Arbeit hat Wirkungsmessung auch relevante strukturelle und prozessuale Einflussfaktoren zu berücksichtigen, um die **Wirkungsfaktoren** bestimmen zu können.

6. Voraussetzung für eine valide Wirkungsmessung ist nicht einzig die Erhebung der intendierten, sondern auch der nicht intendierten Wirkungen. Gerade solche **Nebenwirkungen** üben einen großen Einfluss auf den Erfolg oder Misserfolg einer Intervention bzw. Maßnahme aus.

7. Eine weitere Grundbedingung der Wirkungsmessung ist ein breites Wirkungsverständnis: In Wirkungsstudien sollen unterschiedliche **Wirkungsdimensionen** (Effect, Impact, Outcome) gleichberechtigt Berücksichtigung finden.

8. Wirkungsmessung hat den hohen Ansprüchen an **Repräsentativität** zu entsprechen und damit zuverlässige, übertragbare Ergebnisse zu erzeugen. Um Vergleiche und darauf beruhende Stärken-Schwächen-Analysen zu gewährleisten, sind **institutionsübergreifende und überregionale Wirkungsevaluationen** erforderlich. Mit einer solchen Vorgehensweise können gelingende (wie auch nicht gelingende) Praktiken sichtbar gemacht werden, was Grundvoraussetzung dafür ist, voneinander zu lernen.

9. Jede Wirkungsforschung hat die **Gütekriterien** der empirischen Sozialforschung einzuhalten.

10. Wirkungsstudien können mit unterschiedlichen **Untersuchungsdesigns** mit unterschiedlicher Aussagekraft geplant werden. Als Orientierung dient die Evidenzhierarchie zur Zuverlässigkeit von Wirkungsstudiendesigns von McNeece und Thyer aus dem Jahr 2004 (vgl. Kap. 1.3)

ÜBUNG 2.2:

Versuchen Sie die zehn Leitlinien bzw. Empfehlungen zur Wirkungsmessung nach Macsenaere in Thesen zu verdichten.

Trotz aller berechtigten Kritik an der gegenwärtigen Wirkungsforschung in der Sozialen Arbeit darf nicht ausgeblendet werden, dass es auch einige Wirkungsstudien gibt, die den Ansprüchen an eine qualifizierte Wirkungsforschung genügen. Im Folgenden werden auf der Grundlage von vier umfassend dokumentierten Wirkungsstudien das jeweilige Forschungsdesign, die zugrunde liegende Fragestellung und zentrale Wirkungsbefunde kursorisch dargestellt, um beispielhaft wegweisende Forschungsbemühungen innerhalb der Sozialen Arbeit aufzuzeigen. Der Einblick in die Studien ist knapp und wird diesen in ihrer Fülle und Differenziertheit nicht gerecht. Vorauszuschicken ist ferner, dass die porträtierten Wirkungsstudien in der Kinder- und Jugendhilfe angesiedelt sind. Dies ist kein Zufall, sondern der Tatsache geschuldet, dass in diesem zentralen Handlungsfeld Sozialer Arbeit bis in die Gegenwart am intensivsten über Wirkungen geforscht wird.

Leistungen und Grenzen von Heimerziehung

Das Projekt Jugendhilfeleistungen (JULE) war die erste große Evaluationsstudie im Bereich der Hilfen zur Erziehung und fragte nach den Leistungen und Problemen von Erziehungshilfen am Beispiel von Heimerziehung. Die Studie untersuchte diesen Gegenstand im Auftrag des Evangelischen Erziehungsverbandes in einer repräsentativen Aktenuntersuchung anhand einer mittelgroßen Stichprobe (n = 284), ergänzt durch 45 leitfadengestützte Interviews mit ehemaligen Heimbewohnern. Im Zentrum stand die rekonstruktive Bewertung der Hilfeverläufe in sechs Jugendämtern in drei verschiedenen Bundesländern. Die Untersuchungsergebnisse zeigen Folgendes (vgl. Baur et al., 1998, S. 22 f.):

- Gut 70 % aller untersuchten Hilfeverläufe waren für die Kinder hilfreich. In diesen Fällen ist es gelungen, die Ausgangssituation und die schwierigen Konstellationen, die zur Heimeinweisung führten, zu verändern und zu verbessern.

- Die Leistung der Heimerziehung hängt unmittelbar von der Einhaltung der Qualitätsstandards in den Jugendämtern und den Einrichtungen der Jugendhilfe ab. Wurden Standards wie die begründete Bedarfsfeststellung, eine flexibel fortgeschriebene und umgesetzte Hilfeplanung, die reflektierte Beteiligung des Kindes und der Eltern sowie ein verlässliches und tragfähiges Betreuungssetting eingehalten, war die Chance auf eine wirksame Hilfe sechsmal größer als in den Fällen, wo die fachlichen Standards nicht eingehalten wurden.

In der JULE-Studie wird resümierend herausgestellt, dass es prekär ist, den Erziehungserfolg zu bestimmen und zu messen: Der Zusammenhang von Zielen und Mitteln kann nicht eindeutig sein und aus diesem Grund sind Ergebnisse nur als Annäherungen möglich (vgl. Baur et al., 1998, S. 14).

Effekte erzieherischer Hilfe und ihre Hintergründe

In den Jahren 1995 bis 2000 ließ der Deutsche Caritasverband in einem Forschungsprojekt die Effekte ausgewählter Formen der Hilfen zur Erziehung bei verhaltensauffälligen Kindern untersuchen. Ziele dieser „Jugendhilfe-Effekte-Studie" (JES) waren die schrittweise Verbesserung der Hilfen zur Erziehung ein besseres Verständnis für diese. Untersucht wurden u.a. folgende Punkte (vgl. Schmidt, 2001; Schmidt et al., 2002):

- die Differenzierung der Angebote der Jugendhilfe nach struktur- und prozessbezogenen Leistungsmerkmalen

- die Indikation von Hilfen zur Erziehung bzw. Entscheidung für eine Hilfeform mittels Problemlagen und Ressourcen

- die Überprüfung von Prognosen auf deren Zuverlässigkeit

- die Stabilität der Effekte nach der Beendigung der Hilfe

- die Zufriedenheit der beteiligten Akteure mit dem Hilfeverlauf

Die Stichprobe setzte sich aus 233 jungen Menschen im Alter von 4,5 bis 13 Jahren zusammen, deren Hilfen zur Erziehung von der Planung bis ein Jahr nach Abschluss, längstens aber drei Jahre lang, verfolgt wurden. Um harte Daten zu erzeugen, wurde ein prospektives Design mit vier Erhebungszeitpunkten (Längsschnitt) gewählt: Ausgangs-, Verlaufs-, Abschlusserhebung und Katamnese. Grundlage hierfür bildeten Interviews und Fragebögen. Die Studie arbeitete hilfeartübergreifend, wodurch die Vergleichbarkeit unterschiedlicher Vorgehensweisen möglich wurde. Des Weiteren wurde die Studie multizentrisch an verschiedenen Standorten in der Bundesrepublik realisiert (vgl. Schmidt et al., 2002, S. 70 ff.).

Aus den Befunden der Jugendhilfe-Effekte-Studie ergeben sich u.a. nachstehende Folgerungen (vgl. Schmidt, 2001, S. 40):

- Die Hilfen zur Erziehung erzielen in der Arbeit mit betroffenen Kindern größere Wirkungen als bei einem ausschließlich eltern- oder familienbezogenen Ansatz.

- In der Hilfeplanung wird sich zu wenig an den Ressourcen der beteiligten Akteure orientiert.

- Im Rahmen der Hilfeplanung ist die Treffsicherheit der Prognosen gering.

- Früh einsetzende Hilfe, ausreichende Intensität und ausreichende Dauer der Hilfeprozesse verbessern deren Wirkung. Das Hinausschieben oder das Verkürzen von Hilfen zur Erziehung beeinträchtigt die Ergebnisse.

Im Fazit der Studie wird betont, dass die Wirkungszusammenhänge sozialpädagogischer Interventionen komplex sind und ein dieser Komplexität angemessenes Forschungsdesign erfordern:

„Wirkungen sind Ergebnisse, die abhängig sind

- von den Ausgangszuständen der Hilfeprozesse,

- von den strukturellen Voraussetzungen, unter denen die Prozesse stattfinden,

- vom Prozessverlauf selbst.

Damit ist der Rahmen von Wirkungsforschung bereits abgesteckt. Sie hat nicht nur das Problem, zu beschreiben, was erwünschte Wirkungen von Jugendhilfe sind, sie muss auch Ausgangslage, Strukturen und Prozessverlauf unter dem Aspekt ihrer Wirkung analysieren." (Schmidt et al., 2002, S. 516)

Verläufe und Wirkfaktoren individualpädagogischer Maßnahmen: eine explorativ-rekonstruktive Studie

In dieser explorativ-deskriptiv angelegten Evaluationsstudie wurden im Rahmen einer Vollerhebung (n = 355) die im Zeitraum vom 01.01.2004 bis zum 31.08.2005 abgeschlossenen individualpädagogischen Maßnahmen und der Verbleib der in diesen Maßnahmen betreuten Jugendlichen aller Träger des Arbeitskreises Individualpädagogische Maßnahmen (AIM e. V.) evaluiert (vgl. Klawe, 2007).

Der AIM als Zusammenschluss von Jugendhilfeträgern in Nordrhein-Westfalen bietet auf den Einzelfall zugeschnittene Betreuungssettings an, die in besonderer Weise auf die persönliche psychosoziale Situation, die Erfahrungen und die Ressourcen der Jugendlichen eingehen. Die Studie hatte folgende Anliegen (vgl. Klawe, 2007, S. 80):

- die pädagogischen Prozesse im Einzelnen zu identifizieren und zu rekonstruieren

- die Bedingungen und Faktoren gelungener Praxis herauszuarbeiten

- von den Beteiligten positiv erlebte Situationen zu beschreiben

Der Untersuchungsauftrag wurde in sechs Modulen umgesetzt (vgl. Klawe, 2007, S. 73 ff.):

1. Sekundäranalyse vorliegender Studien

2. Beschreibung der betreuten Jugendlichen und Analyse der Maßnahmen

3. Typologie der betreuten Jugendlichen

4. Nacherhebung zur Nachhaltigkeit

5. Vergleich der im In- und Ausland durchgeführten Maßnahmen

6. Expertendiskussion mit Mitarbeitern der örtlichen Jugendämter

Die Studie macht u. a. deutlich, dass

- ein verlässliches, akzeptierendes Beziehungsangebot von Fachkraft und Jugendlichem, eine belastbare, authentische Persönlichkeit der Fachkraft und die Einbindung in familienähnliche Strukturen zentrale Faktoren für einen gelingenden Betreuungsprozess darstellen.

- die systemische Arbeit mit der Herkunftsfamilie ein wichtiger Erfolgsfaktor ist.

- frühzeitig eingesetzte individualpädagogische Maßnahmen dazu beitragen können, „Jugendhilfekarrieren" zu verhindern.

- die Beurteilung des Erfolgs einer individualpädagogischen Maßnahme stark von der Dauer der Maßnahme abhängt.

In der Zusammenschau der Untersuchungsbefunde wird herausgestellt, dass die Frage nach der Wirksamkeit pädagogischer Interventionen nur die Adressaten selbst beantworten können. Wirkung ist eine

> „von den AdressatInnen (und anderen relevanten Beteiligten) wahrgenommene Änderung lebensweltlicher Faktoren, Ressourcen und Handlungsoptionen, die diese nach eigener Einschätzung in die Lage versetzt, einen gelingenden Alltag zu gestalten" (Klawe, 2007, S. 80).

Bundesmodellprojekt „Wirkungsorientierte Jugendhilfe"

Als exemplarisch für die Einführung wirkungsorientierter Steueransätze kann das in der Fachöffentlichkeit stark beachtete Bundesmodellprojekt „Wirkungsorientierte Jugendhilfe" gelten, dass durch das Bundesministerium für Familie, Senioren, Frauen und Jugend (BFSFJ) von 2006 bis 2009 gefördert wurde. Auftrag war es zu prüfen, ob und inwieweit es an elf Modellstandorten gelingt, durch die wirkungsorientierte Qualifizierung der Leistungs-, Entgelt- und Qualitätsentwicklungsvereinbarungen nach §§ 78a ff. SGB VIII Wirkungen der Hilfen zur Erziehung zu steigern (vgl. Albus et al., 2010).

Als empirische Grundlage dienten qualitativ-rekonstruktive Fallstudien zur Analyse der pädagogischen Praxis (am Beispiel von Hilfeplangesprächen) und eine quantitative Längsschnittstudie zur Analyse von Wirkungen im Hinblick auf die Kinder und Jugendlichen als Hilfeempfänger. Jeweils zu zwei Zeitpunkten wurden Kinder, Jugendliche, Eltern und Fachkräfte zum Hilfeprozess und zur Lebenssituation der Kinder und Jugendlichen befragt, um Veränderungen über die Zeit feststellen zu können. Ergänzt wurden diese multiperspektivischen Befragungen durch die Analyse von Jugendamtsakten und einer Erhebung der fachlichen und institutionellen Rahmenbedingungen der konkreten Hilfeprozesse an den Modellstandorten durch die Befragung der Fachkräfte, damit bedeutsame Kontextfaktoren als mögliche Wirkungsfaktoren in die Analysen mit einbezogen werden konnten (vgl. Albus et al., 2010, S. 13 ff.).

Die Interpretation der Wirkungsanalyse hat bezogen auf den Hilfeprozess drei zentrale Einflussschwerpunkte auf Wirkungen bei Kindern und Jugendlichen deutlich gemacht, die im direkten Zusammenhang mit jugendhilfespezifischen Struktur- und Prozessmerkmalen stehen, und zwar (vgl. Albus et al., 2010, S. 154 ff.):

1. die Prozesswahrnehmung der Kinder und Jugendlichen als Adressaten als dominante Einflussgröße, also das wahrgenommene Partizipationsempfinden im Hilfeplangespräch und die Qualität der Arbeitsbeziehung bzw. der von Vertrauen geprägten pädagogischen Beziehung zwischen jungen Menschen und Fachkraft

2. die professionellen Einstellungen und Interaktionskompetenzen der Fachkraft, die wirkungsvolle Hilfeverläufe maßgeblich beeinflussen

3. die organisatorische Rahmung des Hilfeprozesses und der Bedingungen des professionellen Arbeitens (bedeutsame Wirkungsfaktoren sind hierbei die Mitbestimmung der Fachkräfte in der Organisation, die Qualität des Teamklimas, Arbeitsautonomie, ein dialogisches Verfahren der Wirkungssteuerung und weitreichende Aufgaben- und Ressourcenstrukturen.)

Im Fazit der Studie wird konstatiert, dass die erhobenen Wirkungsfaktoren auf nicht standardisierbare, kommunikativ herzustellende Arbeitsbeziehungen in der Praxis der Hilfen zur Erziehung hinweisen. Damit wird Bezug genommen auf das Konzept der Realist Evaluation von Pawson und Tilley (2009), wonach ein Angebot bzw. eine Maßnahme nicht direkt eine Wirkung auslöst (= „what works"-Prinzip), sondern erst durch die Aktivierung bestimmter Mechanismen messbare Wirkungen erzielt werden (vgl. Kap. 4.2). Vor diesem Hintergrund wird für ein Modell einer evidenzbasierten Professionalisierung nach dem „Why does it work?"-Prinzip plädiert:

> „Wie im einzelnen Fall die sozialpädagogische Hilfe ausgestaltet werden sollte, kann daher nicht durch sozialwissenschaftliche Forschung beantwortet werden. Die Hilfe im Einzelfall ist nach wie vor gemeinsam mit den AdressatInnen auszuhandeln, zu finden und zu erbringen und bedeutet für professionelles Handeln in der Jugendhilfe damit die notwendige Relationierung von Wissensformen." (Albus et al., 2010, S. 167)

2.4 Konsequenzen für die Wirkungsforschung

Eine Forderung, die sich aus den vorangehenden Ausführungen ergibt, ist, dass Soziale Arbeit ihre Wirkung noch deutlicher darstellen muss. Dieser Umstand ist u.a. Ausdruck eines nicht unbedingt vorauszusetzenden Interesses von Trägern oder Fachkräften Sozialer Arbeit an der Reflexion ihrer (Un-)Wirksamkeit und gleichsam Folge der oftmals unzureichenden (finanziellen, personellen, organisatorischen etc.) Ressourcen. Auch das Fehlen erforderlicher Forschungsbedingungen für eine wirkungsorientierte Gestaltung der Praxis Sozialer Arbeit ist häufig feststellbar (vgl. Albus, 2015, S. 20). Hinzu kommt, dass Akteure der Sozialen Arbeit die Gefahr sehen, dass wissenschaftliche Evidenz an die Stelle des professionellen Urteilsvermögens tritt (vgl. Ziegler, 2012, S. 94).

Dies alles zusammengenommen trägt dazu bei, dass für viele Handlungsfelder Sozialer Arbeit aktuell keine aussagekräftige Datengrundlage existiert. Darüber hinaus ist zu konstatieren: Die vorliegenden Wirkungsstudien entsprechen nicht immer den wissenschaftlichen Standards und weisen somit nicht das erforderte Maß an Plausibilität und Zuverlässigkeit in der Wirkungsmessung aus.

So können bloße Vorher-Nachher-Studien zwar ausgeprägte Effekte feststellen, aber die Veränderung kann nicht ausschließlich der untersuchten Intervention bzw. Maßnahme zugeschrieben werden. Andere Einflussgrößen für diese Veränderung können beispielsweise die besonderen pädagogischen Fähigkeiten einer überaus motivierten Fachkraft oder strukturelle Aspekte der Einrichtungen sein. Ferner ist zu beachten, dass Wirkungen Folge des sogenannten Hawthorne Effects sein können: (Neue) Formen von Interventionen können bereits (zumindest kurzfristige) Wirkungen auslösen, weil sie Routinen durchbrechen und/oder einen Motivationsschub bei den beteiligten Akteuren auslösen (vgl. Micheel, 2013, S. 184 ff.).

Ein Forschungsbedarf in der Wirkungsforschung Sozialer Arbeit besteht in der unbedingten Einbeziehung der jeweils spezifischen Akteur- und Zielgruppen in den unterschiedlichen Forschungskonzepten der Wirkungsforschung, um den verschiedenen Zielperspektiven von Sozialpolitik, Trägern, Fachkräften, den Adressaten und deren Umfeld, der Wissenschaft und Öffentlichkeit stärker Rechnung zu tragen. Zukünftige Wirkungsforschung in der Sozialen Arbeit sollte neben der direkt ersichtlichen und nachweisbaren Auswirkung der Hilfe (Effect) auch gleichberechtigt die subjektive Wirkung beim Adressaten (Impact) und die mittelbare Wirkung auf die Gesellschaft (Outcome) berücksichtigen (vgl. Macsenaere, 2013, S. 222). Um die Frage zu beantworten, was wirkt, ist es auch erforderlich, verstärkt Entwicklungen über einen längeren Zeitraum zu vergleichen. Hierzu bedarf es der verstärkten Durchführung von Längsschnittstudien.

Auch wenn in der forschungsmethodologischen Diskussion zur Wirkungsforschung eine deutliche Präferenz für quantitative, statistische Forschungsvorhaben zu erkennen ist, nehmen in sozialpädagogischen Kontexten qualitative Methoden eine bedeutende Rolle ein. An dieser Stelle sei daran erinnert, dass qualitative Studien in der Evidenzhierarchie ganz am Ende stehen. Dies heißt aber nicht, dass sie unbedeutend sind, sondern, dass sich auf der Grundlage von Sinnrekonstruktionen, Exploration und einer alternativen Hypothesengenerierung keine wahrscheinlichkeitsanalytisch formulierbaren Zusammenhänge finden lassen. Unabhängig von dieser Einschätzung begründet sich die Stärke der qualitativen Forschung darin, die soziale Wirklichkeit und deren Prozesse bzw. Strukturen sowie die Mechanismen sozialer Interaktionen und Kontexte besser beschreiben und abbilden können – dies allerdings mit den bekannten Einbußen im Hinblick auf Repräsentativität. Dieser Nachteil lässt sich aber durch die Kombination unterschiedlicher Forschungsmethoden (= Triangulation) oder durch die Auswahl der Methoden (wie formalisierte Befragungen, Dokumentenanalyse) zumindest minimieren (vgl. Boecker, 2015, S. 236 f.).

ÜBUNG 2.3:

Versuchen Sie die vier vorgestellten Wirkungsstudien aus der Kinder- und Jugendhilfe unter Einsatz eines systematischen Rasters zu veranschaulichen.

Zusammenfassung

Mit dem Ansatz der Evidenzbasierung wird idealtypisch das Ziel verfolgt, Verfahren kenntlich zu machen, die sich in der Praxis als erfolgreich erwiesen haben, um sie als Muster für die künftige Praxis generell zu etablieren. Das so vornehmlich über quantitativ-empirische Ergebnisse aus der Wirkungsforschung gefundene Wissen über gelungene Praktiken wird hinsichtlich der Zielsetzungen überprüft. Wenn es sich empirisch als Erfolg versprechend erwiesen hat, wird ein solches Handeln bei vergleichbaren Anlässen und Handlungssituationen standardisiert. Die vorliegenden Ergebnisse der Wirkungsforschung in der Sozialen Arbeit weisen allesamt nachdrücklich darauf hin, dass die mithilfe einer Wirkungsmessung gewonnene Datenbasis es nicht erlaubt, verlässlich und nachprüfbar zu belegen, mit welchem Input welcher Output und welche Wirkungen über die Zeit erzielt werden können: Wirkungen in der Sozialen Arbeit sind nicht naturgesetzmäßig.

Dies bedeutet nun nicht, dass Wirkung und Wirkungsforschung kein Gegenstand für die Soziale Arbeit sein sollen: Soziale Arbeit hat nach innen und außen die wahrscheinlichen Wirkungen ihres beruflichen Handelns darzulegen. Dies setzt zum einen voraus, dass die Bedingungen der Zielentwicklung für einen in die Zukunft gerichteten gewünschten Zustand als das Ergebnis verschiedener Aushandlungsprozesse mit unterschiedlichen Akteuren noch stärker zu reflektieren sind. Zum anderen ist eine verbesserte und intensivere Forschungsbasierung Sozialer Arbeit zu Effekten ihrer Leistungen und Arrangements erforderlich. Aber auch unter diesen Gegebenheiten ist die Messung von Wirkungen in der Sozialen Arbeit schwierig.

Aufgaben zur Selbstüberprüfung

AUFGABE 2.1:

Charakterisieren Sie die beiden konkurrierenden Paradigmen der Wirkungsforschung.

AUFGABE 2.2:

Was ist unter Wirkungsforschung zu verstehen?

AUFGABE 2.3:

Beschreiben Sie, was bei einer Zielbestimmung zu beachten ist.

Mögliche Lösungen zu den Aufgaben zur Selbstüberprüfung finden Sie auf den Seiten 117 ff.

3 Das wirkliche Wissen zur Sozialen Arbeit – eine Zusammenschau von Wirkungen und Wirkungsfaktoren

In diesem Kapitel lernen Sie, Wirkungen und Wirkungsfaktoren der Sozialen Arbeit zu erklären. Sie lernen, wichtige Gelingensbedingungen einer wirksamen Kinder- und Jugendhilfe als ein zentrales Handlungsfeld Sozialer Arbeit zu beurteilen. Mit dem wirkungsorientierten Controlling lernen Sie ein Verfahren zu beschreiben, das den Anspruch hat, die Wirkung Sozialer Arbeit in Zahlen abzubilden. Nach dem Durcharbeiten dieses Kapitels können Sie die Schwierigkeiten bei der Erfassung von Wirkungsfaktoren analysieren.

Wirkungsorientierung wird allmählich zu einer Selbstverständlichkeit – noch nicht immer und flächendeckend in der Praxis, aber in der Programmatik Sozialer Arbeit. Sie wird gefordert, und kaum jemand kann – selbst mit Verweis auf methodische Probleme beim Messen von Effekten – einer solchen Anforderung mit guten Gründen und ohne Legitimationsverlust widersprechen. Bisher ist es in der Sozialen Arbeit noch nicht zum Durchbruch einer Wirkungsforschung, die nicht nur beleuchtet, was wirkt, sondern auch, was für wen unter welchen Bedingungen wirkt, gekommen. Nichtsdestotrotz werden in den diversen Handlungsfeldern der Sozialen Arbeit in unterschiedlicher Ausformung und Intensität Wirkungsmessung und Wirkungsberichterstattung jenseits von einfachen Plausibilitätsvermutungen praktiziert.

Wissen, was wirkt – das ist ein zentrales Anliegen für alle Akteure Sozialer Arbeit: Eltern, Kinder, Jugendliche und Erwachsene wollen über Ziele, beabsichtigte Wirkungen einer Maßnahme, aber auch über deren eventuelle Nebenwirkungen informiert werden. Jede professionell tätige Fachkraft hat im sozialberuflichen Handeln das Interesse, möglichst wirksam zu arbeiten. Ihr Geld wollen Leistungsträger möglichst effizient und effektiv, d.h. wirkungsvoll, einsetzen. Fachpolitiker und Leistungserbringer benötigen möglichst konkrete Hinweise und normative Orientierungspunkte in Bezug auf Wirkungsfaktoren, um die Angebote fachlich und wirksam weiterzuentwickeln und um die Zukunftsfähigkeit der sozialen Leistungen zu sichern.

Für den Erfolg wie auch den Misserfolg Sozialer Arbeit ist mit den bislang vorliegenden Wirkungsstudien eine Reihe zentraler handlungsfeldübergreifender, aber auch arbeitsfeldspezifischer Wirkungsfaktoren herausgearbeitet worden.

MERKSATZ

Wirkungsfaktoren sind die Faktoren einer sozialpädagogischen Maßnahme oder Intervention, die ihre Wirkung (auf plausible Annahmen begründet) bestimmen.

Auch wenn einige Studien die zahlreichen forschungsmethodischen Kriterien nicht in Gänze aufweisen, so ist doch beobachtbar, dass diese inzwischen auch in Wirkungsuntersuchungen der Sozialen Arbeit – soweit dies möglich und ethisch vertretbar ist – eingehalten werden (vgl. Macsenaere, 2013, S. 214 f.). Unabhängig davon beschreiben die in den Studien aufgezeigten statistischen Interdependenzen faktisch keine Wenn-Dann-Kausalitäten, sondern geben Auskunft über bestimmte Wirkungszusammenhänge, die einer näheren Betrachtung und stets einer fachlichen Interpretation bedürfen.

Im Weiteren werden zunächst Wirkungen und Wirkungsfaktoren Sozialer Arbeit in kompakter Form vorgestellt (vgl. Borrmann; Thiessen, 2016). Dies geschieht durch die Erarbeitung des Forschungsstands zu den wirkungsvollen Hilfeprozessen am Beispiel ausgewählter Handlungsfelder bzw. Praxisbereiche Sozialer Arbeit. Im Anschluss daran werden in Kapitel 3.3 der soziale Wirkungskredit und das wirkungsorientierte Controlling als Formen wirkungsorientierten Investierens diskutiert, dessen Resultat sich – so der formulierte Anspruch – in Zahlen zeigt.

MERKSATZ

Die Handlungsfelder der Sozialen Arbeit haben sich in den vergangenen vierzig Jahren so erheblich ausdifferenziert, dass sie Ausdruck höchst unterschiedlicher sozialer Dienstleistungen sind.

Handlungsfeld meint Zweifaches:

- Zum einen bedeutet es, dass Soziale Arbeit als professionelle Tätigkeit in einem sozialen Feld wie Familie, einem Setting wie Schule, aber auch einem Stadtteil, Aufgaben bewältigt, indem sie ihren Adressaten hilft, einen gelingenderen Alltag herzustellen.

- Zum anderen zielen Handlungsfelder aber auch auf Rahmenbedingungen des Handlungsgefüges der Adressaten ab, die von den räumlichen Gegebenheiten über die Struktur von Institutionen, Organisationen und Trägern, Verordnungen, Förderrichtlinien bis hin zu mehr oder minder unhinterfragten, zu Natur geronnenen Normalitätsvorstellungen reichen (vgl. Homfeldt; Schulze-Krüdener, 2003, S. 2).

Die Handlungsfelder Sozialer Arbeit lassen sich nach Werner Thole (2010, S. 28) in vier Praxis- und Aufgabenfelder strukturieren (vgl. Abb. 3.1).

Praxis- und Aufgabenfelder

Ʊ Kinder- und Jugendhilfe

Ʊ Soziale Hilfe

Ʊ Altenhilfe

Ʊ Gesundheitshilfe

Abb. 3.1: Praxis- und Aufgabenfelder der Sozialen Arbeit (vgl. Thole, 2010, S. 28)

Im Weiteren wird der Forschungsstand zum *wirk*lichen Wissen aus zwei wichtigen Arbeitsfeldern der Kinder- und Jugendhilfe – den Hilfen zur Erziehung und der Kinder- und Jugendarbeit – genauer unter die Lupe genommen. Diese beiden Praxisbereiche wurden (stellvertretend) ausgewählt, da sich hier der disparate Forschungsstand zum *wirk*lichen Wissen Sozialer Arbeit gut abbildet.

WISSENWERT

Die Einblicke in den Stand der Wirkungen Sozialer Arbeit sind angesichts der Ausdifferenziertheit und Heterogenität der Handlungsfelder Sozialer Arbeit, des Korpus relevanter Studien und vielfältiger Erkenntnisse eher gering. Vielleicht trägt dieser Umstand dazu bei, dass die nachstehenden Ausführungen Ihre Neugier wecken, sich ein spezifisches Handlungsfeld, einen Wirkungsfaktor oder auch eine bestimmte Studie einmal genauer anzuschauen und sich Gedanken über die Bedeutung der Ergebnisse für Ihre eigene (spätere) Praxis zu machen.

Beginnen wollen wir unsere Zusammenschau von Wirkungen und Wirkungsfaktoren Sozialer Arbeit (bzw. genauer: der Kinder- und Jugendhilfe) mit den Hilfen zur Erziehung bzw. Erziehungshilfen als ein zentrales Arbeitsfeld des Handlungsfelds Kinder- und Jugendhilfe. Im Jahr 2014 haben über eine Million junger Menschen Hilfen zur Erziehung in Anspruch genommen. Die Ausgaben für dieses Arbeitsfeld sind laut „Monitor Hilfen zur Erziehung" (vgl. AKJStat, 2016) im gleichen Jahr weiter auf einen Höchststand gestiegen. Mittlerweile werden fast 8,1 Milliarden Euro für Hilfen zur Erziehung und Hilfen für junge Volljährige ausgegeben; das entspricht 21 % der Jugendhilfeausgaben insgesamt. Bevor die Wirkungsfaktoren dargestellt werden, wird zur besseren Orientierung dieser Leistungsbereich mit seinen individuellen Rechtsansprüchen und Aufgaben skizziert.

ÜBUNG 3.1:

Die Arbeitsstelle für Kinder- und Jugendhilfestatistik (AKJStat) bereitet die Ergebnisse der amtlichen Kinder- und Jugendhilfestatistik nutzerfreundlich auf und liefert regelmäßig fachliche Kommentierungen. Darüber hinaus entwickelt sie im Dialog mit statistischen Ämtern sowie mit der Fachpraxis, der Politik und der Wissenschaft der Kinder- und Jugendhilfe Vorschläge zur Weiterentwicklung der Statistik.

Recherchieren Sie auf der Homepage der Arbeitsstelle, welche Aufgaben diese hat. Zu welchen Praxisbereichen bzw. Arbeitsfeldern erhalten Sie dort detaillierte fachwissenschaftliche Analysen?

3.1 Wirkungen und Wirkungsfaktoren in den Hilfen zur Erziehung

Unter den Hilfen zur Erziehung (HzE) wird eine Vielfalt und eine große Bandbreite beratender, bildungsorientierter, begleitender und unterstützender Hilfen für Kinder, Jugendliche, junge Erwachsene und Familien verstanden. Untergliedern lassen sich die Hilfen zur Erziehung in ambulante, teilstationäre und stationäre Hilfen zur Erziehung (vgl. § 27 ff. SGB VIII).

Im Einzelnen sind dies:

- Erziehungsberatung

- soziale Gruppenarbeit

- Erziehungsbeistand

- sozialpädagogische Familienhilfe

- Erziehung in der Tagesgruppe

- Vollzeitpflege

- Heimerziehung und sonstige betreute Wohnformen

- intensive sozialpädagogische Einzelbetreuung

Die Hilfen zur Erziehung bieten zum einen Unterstützung und Ressourcen zur Bewältigung schwieriger Lebenssituationen an. Zum anderen stellen sie in den stationären Formen – ausgerichtet an den biografischen Konfliktsituationen und subjektiven Belastungen – vielfältige unterstützende Wohn- und Alltagsorte für Kinder und Jugendliche zur Verfügung. Auch wenn die Kinder und Jugendlichen ihren Alltag partizipativ selbst mitgestalten können, stellen stationäre Formen (wie etwa Wohngruppen eines Heims, familienähnliche Wohnformen, heilpädagogisch-therapeutische Intensivstationen, betreutes Einzelwohnen, Verselbständigungsgruppen) einen massiven Eingriff in die Lebensverhältnisse von Kindern, Jugendlichen und Familien dar. Durch die Hilfeplanung, die in § 36 SGB VIII als normiertes Verfahren festgeschrieben ist, soll sichergestellt werden, dass der Rechtsanspruch geprüft, fachlich beraten, die Hilfeform beteiligungsorientiert ausgehandelt und die bedarfsorientierte Hilfe prozesshaft ausgestaltet wird (vgl. Rätz-Heinisch et al., 2009, S. 128 ff.).

Bei den Hilfen zur Erziehung treten bei der Hilfeplanung die in Abbildung 3.2 aufgeführten vier Akteursgruppen in Beziehung zueinander.

Akteursgruppen der Hilfeplanung

↶ Kinder/Jugendliche (KJ)

↶ Personensorgeberechtigte/Eltern (PSB)

↶ Einrichtung als Leistungserbringer

↶ Jugendamt (JA) als Leistungsträger

Abb. 3.2: Die vier Akteursgruppen der Hilfeplanung

Die rechtliche Beziehungskonstellation finden Sie in Abbildung 3.3 veranschaulicht.

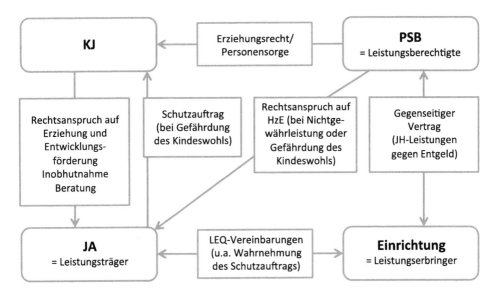

Abb. 3.3: Akteurskonstellationen im Hilfeplangespräch (vgl. Albus et al., 2010, S. 64)

Bevor auf dieser Arbeitsfeldskizze die Wirkungsfaktoren für die Hilfen zur Erziehung als ein Arbeitsfeld der Kinder- und Jugendhilfe dargelegt werden, müssen vorab die Indikatoren für die Wirksamkeit genannt werden. Wir erinnern uns: Die Wirkungsziele geben die Richtung des Unterfangens an, haben diesbezüglich eine orientierende Funktion und ermöglichen erst eine nachträgliche Überprüfung der Wirksamkeit einer Intervention oder Maßnahme. Hierbei ist zu beachten, dass die Ziele in einem der Situation angemessenen, vereinbarten Zeitraum zu erreichen sind.

Wirkungsindikatoren für erzieherische Hilfe

Betrachten wir also zunächst das Aufgabenfeld bzw. den gesellschaftlichen Auftrag der Kinder- und Jugendhilfe. Anschließend können wir die Frage beantworten, woran die beteiligten Akteure – also die Kinder/Jugendlichen, deren Familien und die Vertreter des Jugendhilfesystems – erkennen, dass die Erziehungshilfe wirksam ist/war.

Das Handlungsfeld Kinder- und Jugendhilfe umfasst ausdifferenzierte sozialpädagogische Programme, Angebote und Interventionen für Kinder, Jugendliche und ihre Eltern bzw. deren Lebenszusammenhänge. Im Zentrum stehen die jungen Menschen mit ihren individuellen Bedürftigkeiten und Lebenslagen. Kinder- und Jugendhilfe ist

> „bestimmt durch den sozialen Selbstanspruch unserer Gesellschaft, für Gerechtigkeit und menschenwürdiges Leben einzutreten und allen die Voraussetzungen zu gewähren, um am sozialen, politischen und kulturellen Leben zu partizipieren, sich als Subjekt im eigenen Leben zu erfahren" (BMfSFJ, 1990, S. 75).

Kinder- und Jugendhilfe untergliedert sich u.a. in Kindertageseinrichtungen, Kinder- und Jugendarbeit, Hilfen zur Erziehung, den allgemeinen sozialen Dienst und die Jugendgerichtshilfe.

Vor diesem Hintergrund lassen sich – ohne den Anspruch auf Vollständigkeit zu erheben – folgende Wirkungsindikatoren für die erzieherische Hilfe anführen, an denen man die Wirkung der professionellen Planung und Erbringung der Leistung festmachen kann (vgl. Macsenaere; Esser, 2015, S. 27):

- Adressaten können Krisen bewältigen und Lebensperspektiven entwickeln.

- Es gelingt ein Passungsverhältnis zwischen Interventionsform, subjektiven Problemkonstellationen und individuellen biografischen Ressourcen.

- Die erzieherischen Hilfen ermöglichen den jungen Menschen, ihre biografischen Handlungs- und Steuerungsfähigkeiten wiederzugewinnen und weiterzuentwickeln.

- Aus Sicht der Adressaten wird die Erziehungshilfe rückblickend als hilfreich und unterstützend für ihre Biografie angesehen: Sie empfinden Zufriedenheit mit der erfahrenen Erziehungshilfe.

- Durch die erzieherischen Hilfen werden beim Kind bzw. Jugendlichen Auffälligkeiten bzw. Defizite abgebaut und zugleich neue Fähigkeiten und Fertigkeiten ressourcenorientiert aufgebaut.

- Durch die Kooperation mit den Eltern während des Hilfeprozesses werden bei diesen erzieherische und alltagspraktische Kompetenzen entwickelt.

- Die Rückführung des Kindes bzw. Jugendlichen in seine Herkunftsfamilie kann, muss aber kein genereller Erfolgsindikator für eine individuelle Erziehungshilfe sein.

- Das Hilfesetting ist für die jungen Menschen ein sicherer Ort, an dem sie vor Übergriffen sicher sind.

Mit dieser Auflistung an Indikatoren ist (heuristisch) geklärt, was in den Erziehungshilfen unter Wirkung verstanden wird bzw. werden kann. Welche Wirkungen aus der Vielzahl denkbarer Wirkungen in vorliegenden Wirkungsstudien ausgewählt wurden, wird im Folgenden diskutiert.

Befunde und Daten zu Wirkungsfaktoren in den erzieherischen Hilfen

In einer Metaanalyse von elf quantitativen Studien hat Thomas Gabriel (unter Mitarbeit von S. Keller und T. Studer, 2007, S. 29 ff.) die Wirkungen von erzieherischen Hilfen bzw. bezüglich der festgestellten wirkmächtigen Variablen ausgewertet. Die Forschungssynthese arbeitet Einflüsse von zentralen Prozess- und Strukturmerkmalen im Hinblick auf Wirkung heraus.

Werden zunächst die Einflüsse von zentralen Prozessmerkmalen auf Wirkung in den Blick genommen, zeigt sich, dass mehrere Prozessmerkmale mit Effekten auf der Ebene der individuellen Hilfeprozesse korrelieren:

- Eine den fachlichen Standards entsprechende individuelle Hilfeplanung und deren regelmäßige Überprüfung, die das Partizipationsgebot von Kindern, Jugendlichen und Eltern am Hilfeplanprozess ernst nimmt, besitzt eine wirkungsrelevante Qualität. Wichtig sind hierbei der Einbezug der Ressourcen des Herkunftsmilieus, ein partnerschaftlicher Umgang zwischen Fachkräften, Eltern und jungen Menschen, die Transparenz der Kommunikation und die umfassende Partizipation an den Entscheidungen.

- Die Maßnahmendauer der Hilfen beeinflusst deren Effekte. Deutlich wird, dass eine längere Dauer einer Maßnahme (über ein bis drei Jahre) sich positiv auf Persönlichkeitsentwicklung, soziale Entwicklung, Familienbeziehungen und subjektive Zufriedenheit auswirkt. Dies muss aber mit einer fachlich qualifizierten Hilfeplanung gekoppelt sein. Folge einer solchen Hilfeplanungsqualität ist, dass deutlich weniger sogenannte Jugendhilfekarrieren entstehen: Zahlreiche Hilfsangebote und Maßnahmen reihen sich in diesen Fällen zu langen Ketten, die bei den Jugendlichen wenig bis keine Wirkung zeigen. Am Ende lassen sich für die Jugendlichen kaum ein geeignetes ambulantes Umfeld oder stationäre Unterbringungen finden. Pointiert formuliert: Je häufiger die Hilfen gewechselt werden, desto geringer ist die zu erwartende Wirksamkeit.

- Positive Effekte auf die Hilfen zur Erziehung hat die Kontinuität sozialer Beziehungen zum Herkunftsmilieu, d. h. der regelmäßige Kontakt des Kindes bzw. des Jugendlichen zu Eltern, Geschwistern und Gleichaltrigen. Dieser Wirkungsfaktor trifft unabhängig von der Konflikthaftigkeit und Indikation (auch bei Fällen von sexueller Gewalt) zu.

Neben diesen übergreifenden Befunden von Prozessmerkmalen werden in der Analyse vorliegender quantitativer (Wirkungs-)Studien auch Einflüsse von Strukturmerkmalen auf ihre Wirkung herausgefiltert. Tabelle 3.1 zeigt kontinuierliche, langfristige und überindividuelle Rahmenbedingungen der Leistungserbringung in den Hilfen zur Erziehung, die wirkmächtige Faktoren darstellen.

Tab. 3.1: Rahmenbedingungen der Leistungserbringung in der Erziehungshilfe (vgl. Gabriel; Keller; Studer, 2007)

WIRKMÄCHTIGE RAHMENBEDINGUNGEN DER LEISTUNGSERBRINGUNG

1. starke klinische Orientierung an der sozialpädagogischen Professionalität

2. systematische Elternarbeit

3. institutionalisierte Zusammenarbeit zwischen Jugendhilfe und Schule

4. enge personale Beziehungen zwischen jungen Menschen und Fachkräften

5. existierende Netzwerke der Kinder und Jugendlichen außerhalb des Heims (z. B. Freizeitaktivitäten)

Neben dieser Metaanalyse statistischer Studien liegt eine vergleichbare systematische Auswertung von Wirkungsfaktoren für die Hilfen zur Erziehung vor, die auf der Analyse von zwölf qualitativen Fallstudien basiert. In der Zusammenfassung kommt Klaus Wolf (2007, S. 39) zum Ergebnis, dass qualitative Studien auf folgende wirkmächtige Faktoren verweisen:

■ Passung des Hilfearrangements: Das heißt, die gewählte Interventionsform muss als geeignete bzw. indizierte Hilfe genau dem Unterstützungs- und Hilfebedarf des Jugendlichen und seiner Familie entsprechen.

■ Partizipation von Jugendlichen und Eltern an den für sie wichtigen Entscheidungen und damit zugleich deren Mitgestaltungsgebot wie auch Verantwortungsübernahme

■ Qualität der Beziehung zwischen Fachkraft (als Bindungsperson) und Kind bzw. Jugendlichem, die geprägt ist von vertrauensvoller, zuverlässiger Beziehung und klaren, Orientierung gebenden Strukturen und Regeln

■ Respekt vor den bisherigen Lebenserfahrungen der jungen Menschen und deren Familie sowie den dort entstandenen Strategien und Deutungsmustern; anders formuliert: Aufgabe ist der schwierige Balanceakt zwischen Respekt, Bewertung, Kritik, Veränderung und Neugestaltung.

■ Weiterentwicklung der Beziehung junger Mensch – Eltern: Während des Hilfeprozesses ist die Beziehung zu den Eltern unter Berücksichtigung der unterschiedlichen (negativen) Vorerfahrungen und Belastungen zu klären und weiterzuentwickeln, auch um sich später eventuell von ihnen lösen zu können.

■ Die Netzwerkleistungen von Personen außerhalb des Hilfesettings (ohne Eltern) und auf anderen Handlungsebenen (Familienmitglieder, Jugendamt, Schule, Arbeitgeber etc.) tragen zur Wirksamkeit pädagogischer Interventionen bei.

Bei der Beantwortung der Fragestellung, welche Wirkungsfaktoren in der Praxis der Hilfen zur Erziehung empirisch abgesichert vorliegen, eröffnet eine weitere, von Michael Macsenaere und Klaus Esser (2015, S. 50) vorlegte metaanalytische Auswertung von über 100 Wirkungsstudien in Deutschland die Möglichkeit, die relevanten Forschungsergebnisse kompakt betrachten zu können.

Werden die Faktoren betrachtet, die für das gesamte Spektrum der ambulanten und (teil-)stationären Erziehungshilfe die Erfolgswahrscheinlichkeit erhöhen, bestätigen sich im Kern die bereits vorgestellten Wirkungsfaktoren (in teilweise anderer Benennung). Daraus ergeben sich die in Tabelle 3.2 genannten Wirkungsfaktoren.

Tab. 3.2: Zentrale Wirkungsfaktoren der ambulanten und (teil-)stationären Erziehungshilfe (vgl. Macsenaere; Esser, 2015)

ZENTRALE WIRKUNGSFAKTOREN
1. die gelungene Passung der Interventionsform
2. die präzise Indikationsstellung des Falls durch eine systematisierte sozialpädagogische Diagnostik
3. eine ressourcenorientierte Hilfeplanung
4. die Beziehungsqualität zwischen Kind/Jugendlichem und Fachkräften
5. die Partizipation von Kindern und Jugendlichen während des gesamten Hilfeprozesses
6. die Kooperation von Eltern und/oder jungem Menschen

Bei weiteren empirisch nachgewiesenen Wirkungsfaktoren gibt es ebenfalls Übereinstimmungen: So zeigt sich in der sekundäranalytischen Auswertung der vorliegenden

Wirkungsstudien weiter, dass die Erfolgsaussichten einer Hilfe zur Erziehung deutlich höher sind, wenn es gelingt, möglichst frühzeitig und in jungen Lebensjahren der Kinder bzw. Jugendlichen zu reagieren, eine adäquate Hilfe zu gewähren und letztendlich Jugendhilfekarrieren zu vermeiden. Auch die Bedeutsamkeit der Qualifikation bzw., genauer, der Kompetenzen der Fachkräfte und ihrer Persönlichkeit wird unisono hervorgehoben: „Wird hier ein Minimalstandard unterschritten, steigt die Wahrscheinlichkeit für z. T. drastische Misserfolge an." (Macsenaere, 2013, S. 218)

Es lohnt sich an dieser Stelle, jenseits und abseits von empirisch abgesicherten Ergebnissen über die Wirksamkeit der Erziehungshilfen auch die Ressourcen der Ehemaligen nicht zu vergessen und deren Erfahrungen, Erkenntnisse und Bewertungen von dem, was wirksam ist, zu nutzen. Im Fachbeitrag „Möge die Macht mit dir sein! Care Leaver über Macht und Beteiligung in der Jugendhilfe" reflektieren Anne Erhard und Ruth Seyboldt (2015), die beide einen Teil ihres Lebens in stationären Erziehungshilfen verbracht haben und gegenwärtig Soziale Arbeit studieren, rückblickend über ihre dort gemachten Erfahrungen:

„Ein zentraler Schritt hin zu der Beteiligung der jungen Menschen an ihrer Entwicklung war die Etablierung von Hilfeplangesprächen. Diese sollten in der Praxis jedes halbe Jahr stattfinden. Aber schon das scheitert bei der Umsetzung. Aufgrund von Krankheit oder Terminkollision werden Gespräche wieder abgesagt und nach hinten verschoben. Der junge Mensch wird versetzt. Das Ziel des Hilfeplangespräches besteht darin, Entwicklungsschritte gemeinsam zu benennen. Jedoch werden die Gespräche nur selten differenziert mit den jungen Menschen vor- und nachbereitet. Der/die Jugendliche sitzt also zwischen den Erwachsenen. Jeder stellt seine Anforderungen an sie/ihn. Aber ehrlich äußern kann sich der/die Jugendliche nicht. Damit scheitert das Ziel, mit dem Hilfeplangespräche etabliert wurden. Nur wenn Bezugsbetreuer_innen sich entsprechende Zeit nehmen und der junge Mensch den Mut hat, für seine Ziele zu kämpfen, können Hilfeplangespräche gelingen. Aber das ist in der Praxis doch eher selten.

Außerdem wurden in den letzten Jahren in den Einrichtungen zunehmend Vertretungen der Heranwachsenden etabliert. Mit diesem Werkzeug sollen sie für ihre Bedürfnisse eintreten. Die jungen Menschen beurteilen miteinander ihre Situation und beratschlagen über Verbesserungen. Sie machen sich Gedanken, wie sie unterstützt werden können und diskutieren Lösungsvorschläge aus. Nach diesem Prozess jedoch kommt es meistens zum Stillstand.

Maximal werden die Ergebnisse noch den Fachkräften vorgetragen, dann jedoch wandern sie als ‚unpädagogisch' tituliert in eine Schublade. Entschieden wird von den Erwachsenen. Aber wirkliche Beteiligung sieht anders aus. (…)

Immer wieder kommen gute Ideen auf, wie sich Beteiligung leben lässt. Und immer wieder wird der Zweck entfremdet. Beteiligung ist zu schwierig. Beteiligung ist zu teuer. Beteiligung wird reduziert auf ein Wort ohne Taten."

Spezifische Wirkungsfaktoren einzelner Hilfearten

Es wurde bereits erwähnt, dass es neben diesen hilfeformübergreifenden Wirkungsfaktoren der Hilfen zur Erziehung auch spezifische Wirkungsfaktoren für einzelne Hilfearten gibt. Dies soll im Folgenden am Beispiel der Interventionsform der Vollzeitpflege veranschaulicht werden.

Die rechtlichen Regelungen zur Hilfe zur Erziehung in der Vollzeitpflege sind in § 33 SGB VIII festgelegt: Das Kind bzw. der Jugendliche soll entsprechend dem Alter und Entwicklungsstand, dem persönlichen Bindungen und den Möglichkeiten der Verbesserung der Erziehungsbedingungen in der Herkunftsfamilie in einer anderen Pflegefamilie eine zeitlich befristete Erziehungshilfe (= Pflegefamilie auf Zeit, Ergänzungsfamilie) oder in einer auf Dauer angelegten Lebensform (= Ersatzfamilie) untergebracht, versorgt und erzogen werden. Im „Handbuch Pflegekinderhilfe" von Heinz Kindler et al. (vgl. 2011, S. 864 ff.) werden (in Erweiterung der oben genannten hilfeformübergreifenden Wirkungsindikatoren) folgende hilfeformspezifische Einflussfaktoren auf die Wirkung der Vollzeitpflege zusätzlich hervorgehoben:

- zeitliche Entwicklung von Bindungsbeziehungen und Annahme des Kindes in der Pflegefamilie

- Auswahl und Vorbereitung der Pflegeeltern

- Kompetenzen der Pflegeeltern als Leistungserbringer und deren Weiterqualifizierung, Supervision etc., Sorgerechtsentzug

- Zusammensetzung von Herkunfts- und Pflegefamilie (mit der Verpflichtung zu Herkunfts- und Pflegeelternarbeit)

- Wirkung von Umgangskontakten zwischen Sorgeberechtigten und Pflegeeltern

- Berücksichtigung möglicher Loyalitätskonflikte des Pflegekindes
- Beratung und Unterstützung der Herkunftsfamilie bei der Verarbeitung der Trennung

ÜBUNG 3.2:

Erstellen Sie bitte eine Tabelle, in der übersichtlich und strukturiert die zentralen Einflüsse von Prozess- und Strukturmerkmalen auf Wirkungen in den Hilfen zur Erziehung deutlich werden.

Fazit

Fassen wir zusammen, was wir über die Wirkung und Wirkungsfaktoren in den Hilfen zur Erziehung wissen und was sich als knappes Fazit festhalten lässt (vgl. Nüsken, 2015, S. 25). Hilfen zur Erziehung wirken entscheidend durch folgende Faktoren:

- Beteiligung der jungen Menschen an allen Entscheidungen im Hilfeprozess
- Qualität der Hilfeplanvorbereitung und der regelmäßigen Fortschreibung des Hilfeplans
- die Art und Weise, wie Fachkräfte mit Kindern und Jugendlichen umgehen
- fachliches Handeln und Kooperation bzw. Vernetzung der Fachkräfte und beteiligten Träger
- fachliche Zielbegründungen
- angemessene fachliche Standards, z. B. verbindliche Verfahren in den Abläufen im Hilfeplanverfahren

Deutlich weniger dezidiert ist die Einschätzung zur Wirksamkeit der Kinder- und Jugendarbeit. Wie dies zu erklären ist, wird im Folgenden erläutert.

3.2 Wirkungen und Wirkungsfaktoren in der Kinder- und Jugendarbeit

Die Kinder- und Jugendarbeit und die Förderung der Jugendverbände zählen zu den klassischen Aufgaben der Kinder- und Jugendhilfe und sind auf Bundesebene in §§ 11 und 12 SGB VIII geregelt. Es handelt sich um einen Praxisbereich bzw. ein Arbeitsfeld, das Möglichkeiten der Freizeit, Bildung, Persönlichkeitsentwicklung, Gestaltung und Begegnung für alle Kinder und Jugendlichen (bis 27 Jahre) anbietet bzw. sichert. Oberstes Ziel ist die Befähigung zur mitverantwortlichen Selbstbestimmung und zum sozialen Engagement. Kinder- und Jugendarbeit ist auf Freiwilligkeit, Autonomie, Offenheit, Interessenorientierung, Partizipation, Integration und zunehmend auf Inklusion ausgerichtet. Mit diesen Strukturcharakteristika hat Kinder- und Jugendarbeit die Absicht, eine präventive Wirkung zu entfalten.

Eine besondere Rolle kommt der Jugendverbandsarbeit zu, weil dort der Selbstorganisation und damit dem selbstbestimmten Handeln, der gemeinschaftlichen Gestaltung und Mitverantwortung, der Förderung der individuellen und sozialen Entwicklung wie auch der Schaffung bzw. Sicherung positiver Lebensbedingungen für junge Menschen eine besondere Bedeutung zugemessen wird. Zu den Schwerpunkten der Kinder- und Jugendarbeit gehören außerdem außerschulische Jugendbildung, Jugendarbeit in Sport, Spiel und Geselligkeit, arbeitswelt-, schul- und familienbezogene Jugendarbeit, internationale Jugendarbeit, Kinder- und Jugenderholung wie auch Jugendberatung (vgl. Rätz-Heinisch et al., 2009, S. 95 ff.). Laut der Shell-Jugendstudie 2015 (vgl. Shell Deutschland Holding, 2015, S. 113) besuchen vier Prozent aller jungen Menschen im Alter von 12 bis 25 Jahren regelmäßig ein Jugendzentrum.

Wirkungsindikatoren in der Kinder- und Jugendarbeit

Auf der Grundlage dieser Arbeitsfeldskizze der Kinder- und Jugendarbeit lassen sich (ohne Anspruch auf Vollständigkeit) folgende Wirkungsindikatoren identifizieren (vgl. Thole, 2000, S. 261 f.), anhand derer man erkennen kann, inwiefern ein Ziel erreicht worden ist:

- Kinder- und Jugendarbeit ermöglicht durch das Prinzip der Freiwilligkeit, dass Kinder und Jugendliche nicht zu einer Teilnahme verpflichtet sind.

- Es gelingt, den partizipativen Interessen von jungen Menschen durch vielfältige Selbstorganisations- und Mitbestimmungsmöglichkeiten gerecht zu werden.

- In der Kinder- und Jugendarbeit können junge Menschen als Ehrenamtliche die hauptberuflich tätigen Fachkräfte unterstützen und dadurch eine Wertschätzung ihrer Person erfahren.

- Durch die Anerkennung der unterschiedlichen Bedürfnisse und Interessen, kulturellen Orientierungen, Milieus und Ethnien werden viele junge Menschen für die Angebotspalette der Kinder- und Jugendarbeit angesprochen. Die Maßnahmen bieten sowohl Mädchen als auch Jungen (mit oder ohne Handicap) vielfältige Entfaltungs- und Gestaltungsräume für ihre spezifischen Anliegen.

- Durch die an der Lebenswelt orientierten und am Alltag ansetzenden Angebote, Maßnahmen und Projekte schließt die Kinder- und Jugendarbeit unmittelbar an den biografischen Erfahrungen, Fähigkeiten, Bedürfnissen und Lethargien von Kindern und Jugendlichen an und bietet unterschiedliche Gelegenheitsstrukturen zur Lebens-, Krisen- und Konfliktbewältigung.

- Die jungen Menschen erhöhen durch die Kinder- und Jugendarbeit ihre Lebensbewältigungs- und Selbstwertkompetenzen und nutzen den Lebens- und Lernort „Kinder- und Jugendarbeit" als Bildungsgelegenheit und zur Selbst- und Demokratiebildung (auch im eigenen Sozialraum).

- Die Kinder- und Jugendarbeit wird von der (Jugend-)Politik als nutzbringend erfahren, da diese das Wissen bereitstellt, das die Politik benötigt, um allen Kindern und Jugendlichen das Mitmachen und Mitgestalten zu ermöglichen.

Bevor wir die Wirkungen und Wirkungsindikatoren der Kinder- und Jugendarbeit (an ausgewählten Schwerpunkten) herausarbeiten, ist voranzustellen, dass in diesem wichtigen Praxisbereich eine deutlich andere Ausgangslage vorliegt als im zuvor dargestellten Bereich der Hilfen zur Erziehung als der weitaus kostenintensiveren Pflichtleistung.

Befunde und Daten zu Wirkungsfaktoren in der Kinder- und Jugendarbeit

„Das Wissen zu den Wirkungen der Kinder- und Jugendarbeit gleicht zurzeit eher einem Flickenteppich, dessen Einzelteile nur unzureichend miteinander verbunden sind und der in Gänze noch kein stimmiges Gesamtbild abgeben kann." (Liebig, 2009, S. 23)

Hinzu kommt, dass das Gros der vorliegenden Studien nicht als Wirkungsstudien oder auch Evaluationen durchgeführt wurde (vgl. Lindner, 2008). Auch in den seit wenigen Jahren vorliegenden Sammelbänden, die erstmalig die Forschungsergebnisse zur Kinder- und Jugendarbeit (vgl. Buschmann et al., 2009; Schmidt, 2011) und zur Kinder- und Jugendverbandsarbeit (vgl. Oechler; Schmidt, 2014) zusammenfassen, fehlt eine systematische Auswertung hinsichtlich der Wirkungen. Gleichwohl liegen Befunde und Daten zu Wirkungen von Kinder- und Jugendarbeit vor. Im Folgenden werden (beispielhaft) empirisch nachweisbare Befunde skizziert:

- Kinder- und Jugendarbeit ist ein sozialer Ort für vielfältige Formen des alltäglichen, situationsbezogenen Sich-in-Szene-Setzens und des aktiven Spielens, Zuschauens und Beobachtens (vgl. Cloos et al., 2007, S. 15 ff.).

- Die Einrichtungen der Kinder- und Jugendarbeit sind ein Angebot für alle Kinder und Jugendlichen (wobei die Altersgruppe der 13- bis 17-Jährigen die am häufigsten vertretene Besuchergruppe ist und die 9- bis 13-Jährigen den zweitgrößten Anteil stellen) (vgl. Seckinger et al., 2016, S. 156).

- In der offenen Kinder- und Jugendarbeit spielen beim Zugang nicht einzig die pädagogische Praxis und die unterschiedlichen Regeln eine Rolle, sondern auch die Architektonik der Einrichtungen und die sich dadurch ergebenden Formen bzw. Muster der Raumaneignungen und Raumgestaltung (vgl. Cloos et al., 2007, S. 55 ff.).

- In den Bildungsräumen der Jugendarbeit werden viele Bildungsmöglichkeiten eröffnet. Die Jugendarbeit ist Lernort für differenzierte Beziehungsformen, Erprobungsraum für eine geschlechtliche Identität, Ort interkultureller Erfahrung, Aneignungsort für Kompetenzen, Ort der Erprobung von Verantwortungsübernahme und Ehrenamtlichkeit wie auch Ort ästhetischer Selbstinszenierung (vgl. Müller et al., 2005, S. 60 ff.).

■ Jugendverbände mit ihren Gruppenstunden sind biografisch bedeutsame Lebensorte und bieten Lerngelegenheiten. In ihnen machen junge Menschen vielfältige Zugewinne an Handlungsfertigkeiten im ehrenamtlichen Engagement und Erfahrungen in der Gleichaltrigengruppe und Gemeinschaft. Die Mitgliedschaft im Jugendverband wirkt biografisch nachhaltig als Beitrag für die Lebensbewältigung und berufliche Kompetenzentwicklung. Die Mitgliedschaft im Jugendverband hat somit eine biografische Relevanz (vgl. Kreher, 2008, S. 114 ff.; Lehmann; Mecklenburg, 2006, S. 96 ff.; Fauser et al., 2006, S. 13 ff.).

■ In der Alltagskommunikation zwischen Fachkräften und jungen Menschen verwischen sich die hierarchischen Differenzen. Die Fachkräfte nehmen an dem Geschehen wie die Kinder und Jugendlichen zwar teil, stellen dabei jedoch ihre Rolle als Erwachsene und Jugendarbeiter dar. Gelenkt werden die Aktivitäten von den Kindern und Jugendlichen, und die Fachkräfte sind gleichsam die Teilnehmer. Zugleich verdeutlichen sie aber ihre fachlichen Einstellungen und Normvorstellungen gegenüber den jungen Menschen, insbesondere in Krisensituationen unter gleichzeitiger Anerkennung von deren Einstellungen (vgl. Cloos et al., 2007, S. 243 ff.).

■ Die Wirkung einer mobilen Jugendarbeit, die vorrangig im öffentlichen Raum stattfindet und für Kinder und Jugendliche konzipiert ist, die üblicherweise nicht mit einrichtungsgebundenen Angeboten erreicht werden, zeigt sich in folgenden Punkten (vgl. Tossmann et al., 2008, S. 96):

  – Die Jugendlichen gehen von sich aus auf die Streetworker zu und suchen das Gespräch.

  – Die Jugendlichen entwickeln Respekt gegenüber anderen.

  – Sie nehmen auch mal Hilfe an.

  – Sie werden kritikfähiger und entwickeln andere Denkweisen.

  – Sie übernehmen mehr Verantwortung.

- In der internationalen Jugendarbeit sind die Wirkungen besonders ausgeprägt in den Bereichen Fremdsprachenkompetenz, Mobilität, Offenheit, interkulturelle Kommunikationskompetenz und Selbstwirksamkeitsüberzeugung. Die Auslandserfahrung hat eine sehr hohe persönliche Bedeutung im Lebensverlauf der Befragten. Weitere ermittelte positive Wirkungen von Auslandsmobilität sind selbstbezogene Eigenschaften und Kompetenzen wie Selbstbewusstsein, Selbstsicherheit, Selbstwirksamkeit und Selbstvertrauen. Auch lassen sich Wirkungen auf berufliche Motivation, berufsrelevantes Wissen, berufliches Selbstverständnis und Autonomie eindeutig nachweisen (vgl. Thomas, 2013).

- Gleiches gilt für politische Jugendbildung. Hinzu kommt, dass die Biografie zum Schlüssel der Wirkung wird: Bildung erzielt Wirkungen, wenn sie emotional berührt, kognitiv stimuliert und sozial eingebettet ist. In diesem Kontext sind Effekte hinsichtlich des Kennenlernens neuer Handlungsweisen, der Eröffnung neuer persönlicher Perspektiven und Einflüsse auf Urteilsbildung und politische Haltungen nachweisbar (vgl. Balzter et al., 2014, S. 47 ff.).

In einer Gesamtbetrachtung wird deutlich, dass sich (im Gegensatz zum Arbeitsfeld der Erziehungshilfen) in der Kinder- und Jugendarbeit nur wenige (reine) Wirkungsstudien finden lassen. Auch wenn die vorliegenden Untersuchungen hinsichtlich des Forschungsdesigns nicht dezidiert auf Wirkungsmessung ausgerichtet sind, lassen sich nichtsdestotrotz auf der Grundlage der vorhandenen Forschungsanstrengungen der Kinder- und Jugendarbeit empirisch nachweisbare Wirkungen feststellen. Die Befunde zeigen jedoch bislang nahezu ausschließlich Wirkungen auf die teilnehmenden Kinder und Jugendlichen.

Die Stärken der Kinder- und Jugendarbeit aus dem strukturell freiheitlichsten Praxisbereich der Kinder- und Jugendhilfe liegen vor allem in ihren Charakteristika Freiwilligkeit, Partizipation, Offenheit und Interessenorientierung (vgl. Sturzenhecker, 2012, S. 155). Weitere Wirkungspotenziale legt Liebig (2009, S. 24) dar:

- Herstellung von Zugehörigkeit, z. B. zu einer Gruppe, zu einem Verband

- Ermöglichung von kontinuierlichen und spontanen Freizeitkontakten, z. B. Jugendverband, Jugendhaus, Abenteuerspielplätze

- Justierung der eigenen Werte, Normen, Standpunkte und Alltagspraktiken, z. B. mittels jugendkultureller Praxisformen wie Grufties, Gamer, Cosplayer
- altersgemäße Vermittlung und Aneignung von Regeln

ÜBUNG 3.3:

Das Deutsche Jugendinstitut (DJI) e. V. mit Sitz in München ist das größte außeruniversitäre Forschungsinstitut Deutschlands. Auf der Grundlage seiner Forschungsergebnisse berät das DJI Politik und Praxis der Jugend- und Familienhilfe.

Informieren Sie sich auf der Homepage des DJI zum einen über die laufenden Projekte und zum anderen über die vielfältigen Themenschwerpunkte.

Um die Frage nach den Wirkungen Sozialer Arbeit etwas näher beleuchten zu können, werden im abschließenden Abschnitt dieses Kapitels Instrumente des wirkungsorientierten Investierens vorgestellt. Mit diesem Steuerungsinstrumentarium verbunden ist die Lösung oder zumindest Linderung sozialer und gesellschaftlicher Probleme gemäß dem Motto „Gutes tun und Gewinn erzielen".

3.3 Wirkungen des Sozialen Investierens für die Soziale Arbeit

Das Konzept des Sozialen Wirkungskredits (engl. *Social Impact Bond*) basiert auf der Idee, dass Privatinvestoren, Unternehmen und/oder Stiftungen (als sogenannte Multi-Stakeholder-Partnerschaft) Geld im Sozialbereich mit der Absicht investieren, neben einer ökonomischen Rendite eine soziale Wirkung zu erzielen (die sogenannte soziale Rendite). Eine solche soziale Rendite wird beispielswiese dann erzeugt, wenn ein Arbeitsloser wieder in Arbeit gebracht wird oder Menschen mit Behinderungen in einem integrativen Hotel die Gäste betreuen. Wenn sich dies mit der Rückzahlung des eingesetzten Investitionskapitals plus ausgezahlter Rendite verbindet, dann ist das Ziel des wirtschaftlichen Investierens erreicht bzw. der Social Impact Bond nachweisbar.

> **MERKSATZ**
>
> Kernidee der wirkungsorientierten Investition ist der Brückenschlag zwischen sozialer Wirkung und Kapitalbereitschaft.

Der Wirkungskreis unterteilt sich in vier Abschnitte (vgl. Abb. 3.4):

1. Vorfinanzierung durch Kapitalgeber
2. Leistungserbringung durch soziale Dienste und Sozialunternehmen
3. Evaluation durch unabhängigen Gutachter
4. Kapitelrückfluss von der öffentlichen Hand an die Vorfinanzierer bei Zielerreichung

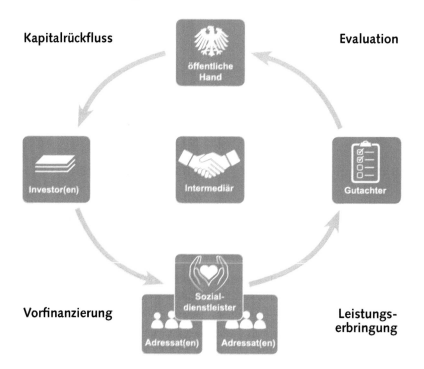

Abb. 3.4: Wirkungskreis des Sozialen Wirkungskredits (vgl. Fliegauf; Unterhofer, 2015, S. 2)

Auch wenn diese Art der gezielten (Anleihe-)Finanzierung noch am Anfang steht, so versucht man nach dem Vorbild Großbritanniens auch in Deutschland einen sozialen Kapitalmarkt zu etablieren, der private Investitionen im Sozialbereich ermöglicht. Ausgangspunkt hierfür ist die Erschließung neuer Finanzierungsquellen zur Lösung der ansteigenden Ausgaben für Gesundheit, Bildung und Soziales sowie die Kritik am sozialstaatlichen Handeln unter Effizienzgesichtspunkten: Die wirkungsorientierte Verwendung öffentlicher Mittel in der Sozialen Arbeit ist oft nicht garantiert, da die Mittel abhängig von der erbrachten sozialen Dienstleistung (= Output) und nicht abhängig von den anderen Wirkungsdimensionen (= Effect, Outcome, Impact usw.) vergeben werden (vgl. Kap. 2.2).

Ein solcher Wandel von der leistungsabhängigen zur wirkungsorientierten Mittelgabe hat aus Sicht der Protagonisten noch zwei weitere Vorteile:

1. Die Risikoübertragung bei einem Misserfolg wird vom Steuerzahler auf die Investoren ausgelagert.

2. Weil (Finanz-)Märkte den Ruf haben, besser zu funktionieren als der Staat, fließt mehr Geld in Prävention anstatt in reaktive Reparaturmaßnahmen.

Summa summarum legt der Soziale Wirkungskredit als Instrument zur Förderung wirkungsorientierter Leistungserbringung in der Sozialen Arbeit seinen Fokus auf die Wirkungslogik von Maßnahmen und die Vorsorge von gesellschaftlichen Problemen (vgl. Weber, 2013, S. 6).

ÜBUNG 3.4:

Welche Meinung haben Sie zu Sozialen Wirkungskrediten und wie begründen Sie diese?

Die Stoßrichtung des Sozialen Wirkungskredits lässt sich präzise folgendermaßen beschreiben:

> „Es geht um nicht mehr und nicht weniger als die Ablösung des gegenwärtigen Systems fallbezogener und rechtlich fundierter Dienstleistungserbringung und dessen Ersetzung durch ein mittels neuer Finanzierungsformen erzeugtes wirkungsorientiertes, vorwiegend präventiv ausgerichtetes Handeln in der Sozialwirtschaft." (Burmester; Wohlfahrt, 2015, S. 561)

Verändert werden sollen damit die traditionellen Koordinaten sozialer Dienstleistungserbringung in mehrerlei Hinsicht (vgl. Burmester; Wohlfahrt, 2015, S. 561):

- Die staatlich finanzierte Dienstleistungserbringung wird durch eine (privat-) kapitalfinanzierte Leistungserbringung ersetzt.

- Die bisherige verbandlich eingebettete und gemeinnützig organisierte Dienstleistung der Sozialen Arbeit wird durch ein Sozialunternehmertum ersetzt (= Social Entrepreneurship) (vgl. Brinkmann, 2014).

- Die anlassbezogene und bedarfsbegründete Finanzierung Sozialer Arbeit wird durch wirkungsorientierte Finanzierungsformen abgelöst.

MERKSATZ

Der Soziale Wirkungskredit verknüpft Finanzierung und Wirkungsmessung mit der Folge, dass Soziale Arbeit zu einem sozial wirksamen Geschäft wird. Die Darstellung der Wirkung in Geldeinheiten gilt als eine einfache Möglichkeit, um die vielfältigen Wirkungen einer Intervention aufzuzeigen. Geld wird vornehmlich in die Handlungs- und Arbeitsfelder Sozialer Arbeit fließen, in denen Erfolg relativ einfach messbar ist.

PRAXISBEISPIEL 3.1:

„Abschluss erster deutscher Social Impact Bond: Das Modellprojekt in Augsburg

Wie lässt sich die Wirksamkeit in der Bewältigung gesellschaftlicher Herausforderungen erhöhen? Das Augsburger SIB-Modellprojekt wollte hierauf eine Antwort geben. Als erstes seiner Art in Deutschland und Kontinentaleuropa (Projektstart September 2013) erfolgte die Umsetzung im Rahmen eines Social Impact Bonds (SIB). Grundlage hierfür war eine Vereinbarung mit der Öffentlichen Hand, die eine Prämie bei Erreichen vorab festgelegter und objektiv messbarer Ziele vorsah. Die Umsetzung wurde von gemeinnützigen Vorfinanzierern ermöglicht, welche ausschließlich bei Erfolg ihre vorab zur Verfügung gestellten Mittel inklusive einer geringen Verzinsung (ungefähr in Höhe des Inflationsausgleiches) zurückerhalten sollten.

Spezialisierte Organisationen übernahmen die operative Umsetzung. Am Ende der Projektlaufzeit entschied ein unabhängiger Erfolgsevaluierer über die Zielerreichung. Initiiert wurde das Modellprojekt durch das Bayerische Staatsministerium für Arbeit und Soziales, Familie und Integration (StMAS) und die Juvat gemeinnützige GmbH, eine Tochtergesellschaft der Benckiser Stiftung Zukunft.

Zentrale Ergebnisse des Social Impact Bonds

Der erste kontinentaleuropäische Social Impact Bond hat alle vorgegebenen Ziele erreicht. In seinem abschließenden Bericht bestätigt der unabhängige Erfolgsevaluierer die Erreichung der definierten Kriterien für die vorgegebene Anzahl an Teilnehmern aus der Zielgruppe. Das Modellprojekt wurde somit erfolgreich beendet. Die eingesetzten Mittel inklusive der vereinbarten Verzinsung (ungefähr in Höhe des Inflationsausgleiches) werden den Vorfinanzierern durch die Öffentliche Hand erstattet. Aufgrund der Gemeinnützigkeit aller Vorfinanzierer werden jene Mittel wieder für soziale Zwecke eingesetzt. Der Kreislauf aus Vorfinanzierung, Rückführung der Mittel im Erfolgsfall und erneuter Verwendung für soziale Zwecke schließt sich somit.

Der Social Impact Bond brachte benachteiligte Jugendliche in Ausbildung oder Arbeit

Das Pilotprojekt legt den Focus auf benachteiligte, arbeitslose Jugendliche im Übergangsbereich zwischen Ausbildungsförderung und Jugendhilfe. In jenem Bereich gibt es eine relevante Anzahl an Jugendlichen, die tendenziell nicht oder nicht mehr durch die Angebote der Bundesagentur für Arbeit/Jobcenter beziehungsweise der Jugendämter erreicht werden. Es handelt sich dabei um eine Zielgruppe, die zunächst nicht besonders auffällt, da sie kaum sichtbar ist. Im Verlauf der Jahre verschlechtern sich allerdings für jene Jugendlichen die Chancen, eine Berufsausbildung oder ein Beschäftigungsverhältnis zu finden, drastisch. Hierdurch entstehen für die Öffentliche Hand signifikante Folgekosten. Da diese Jugendlichen mit den bisher geförderten Maßnahmen nicht ausreichend erreicht werden konnten, bot sich ein Social Impact Bond-Modellprojekt an.

Wie wurde das Social Impact Bond-Projekt umgesetzt?

In der zwischen der Juvat gemeinnützige GmbH und dem StMAS geschlossenen Vereinbarung wurde festgeschrieben, während der operativen Projektlaufzeit von 09/2013 bis 12/2015 mindestens 20 Jugendliche aus der Zielgruppe in Ausbildung oder Arbeit zu bringen – und diese dort für mehr als neun Monate zu halten. Die klar formulierten Bestimmungen bezüglich der zu erreichenden Ziele und der Merkmale der Zielgruppe garantierten eine eindeutige Messbarkeit des Projekterfolgs (...).

Fazit: Der Kreislauf der Mittel potenziert die Möglichkeiten sozialen Engagements.

Mit ihren begrenzten Mitteln steht die Öffentliche Hand zahlreichen gesamtgesellschaftlichen Aufgaben gegenüber. Im Rahmen des Social Impact Bond-Modellprojektes in Augsburg ist es gelungen, gemeinnütziges Kapital zur Erfüllung eines öffentlichen Auftrages mit geeigneten Projekten zu verknüpfen. Durch die Rückführung der öffentlichen Mittel erst nach bestätigtem Erreichender vorab festgelegten Ziele wurde sichergestellt, dass staatliche Mittel nur dann eingesetzt werden, wenn ein konkreter Nutzen nachgewiesen ist (Pay for Success).

Aufgrund der Gemeinnützigkeit aller Vorfinanzierer werden jene Mittel nun wieder für soziale Zwecke eingesetzt. Der Kreislauf aus Vorfinanzierung, Rückführung der Mittel bei Zielerreichung und erneuter Verwendung für soziale Zwecke schließt sich somit.

Social Impact Bonds tragen dazu bei, die Wirksamkeit der Arbeit im sozialen Sektor zu erhöhen. Mit dem Pilotprojekt in Augsburg konnte nachgewiesen werden, dass Social Impact Bonds geeignet sind, um mit den vorhandenen öffentlichen Mitteln künftig noch mehr hilfebedürftige Menschen noch besser zu erreichen." (Ruf, 2016).

Es gibt noch weitere Modelle, wie sich Wert und Soziale Arbeit (jenseits des Konzepts des Sozialen Wirkungskredits) messen lassen. Im Folgenden wird beispielhaft der Ansatz des Social Return on Investment (SROI) als ein wirkungsorientiertes Controlling nach Britta Wagner und Bernd Halfar (2011a; 2011b) vorgestellt. Dies ist ein Verfahren zur Ermittlung der ökonomischen und gesellschaftlichen Wertschöpfung von sozialen Einrichtungen, ist aber auch übertragbar auf gewinnorientierte Unternehmen. SROI geht davon aus, dass Ausgaben im sozialen Bereich als soziale Investition (engl. *Social Investment*) zu betrachten sind. Dabei werden die Kosten für eine soziale Einrichtung oder eine Maßnahme Sozialer Arbeit als Investition angesehen, die eine gesellschaftliche Aufgabe von Wert erfüllt und damit für die Gesellschaft einen Ertrag, d. h. eine Sozialrendite, erwirtschaftet.

Das wirkungsorientierte Controlling operiert mit einer 16-Felder-Tafel, in welche Wirkungsziele in Form von Kennzahlen eingetragen werden, die den Wirkungserwartungen der Stakeholder entsprechen und seitens der Einrichtungen Sozialer Arbeit hergestellt und garantiert werden können. Diese Wirkungsmatrix wird mit Daten, die in der Berechnung des Social Return on Investment gewonnen werden, gefüllt (vgl. Tab. 3.3).

Tab. 3.3: Stakeholderbezogene Wirkungsmatrix (vgl. Halfar, 2003, o. S.)

	Direkte Wirkungs-empfänger/ Primary Customer	Weitere externe Stakeholder	Finanziers	Mitglieder/Interne Stakeholder
Outcome				
Impact				
Effect				
Output				

Die **SROI-Analyse** erfolgt in fünf Schritten (vgl. Wagner; Halfar, 2011a, S. 3 ff.):

■ **SROI 1 – institutionelle Perspektive:** Analysiert werden alle öffentlichen Zuschüsse (Zuschüsse, Entgelte etc.). Diese werden mit den Rückflüssen aus dem Sozialunternehmen (wie Steuern oder Sozialversicherungsbeiträge) in Relation gesetzt. Oder anders formuliert: Welcher Anteil eines Euros, die eine Einrichtung Sozialer Arbeit erhält, fließt wieder zurück an die öffentliche Hand?

■ **SROI 2 – individuelle Perspektive:** Erhoben werden die personenbezogenen Sachleistungen und deren Return. Das heißt: Wie viel Geld zahlt die öffentliche Hand individuell an den Adressaten (z. B. Arbeitsfördergeld, Fahrdienst, Arbeitshilfen), und was bekommt diese von den Adressaten über Sozialversicherungsbeiträge und Steuern zurück? Hierbei ist zu beachten, dass einzig die Geldströme in die Berechnung eingehen, die aufgrund der Teilnahme des Adressaten an den Angeboten und Maßnahmen der Einrichtung Sozialer Arbeit bzw. des Sozialunternehmens entstanden sind. Die Frage lautet also: Wie viel von den Transfers, die die öffentliche Hand an die Adressaten während einer Maßnahme auszahlt, zahlen diese im Laufe der Zeit wieder zurück?

■ **SROI 3 – vermiedene Kosten, entgangene Erträge:** Was wäre, wenn es die sozialpädagogische Einrichtung oder das Sozialunternehmen nicht gäbe? Solche Organisationen vermeiden Kosten, die durch andere Dienstleister im Versorgungssystem entstehen würden. Wiederum als Frage formuliert: Welche Kosten vermeidet die Gesellschaft, weil in der Einrichtung Sozialer Arbeit oder im Sozialunternehmen Menschen im Mittelpunkt stehen, die woanders an den Rand gedrängt würden?

■ **SROI 4 – regionalökonomische Wirkung:** Welche regionalökonomische Wirkung entfaltet eine sozialpädagogische Einrichtung oder ein auf Profit ausgerichtetes Sozialunternehmen? Zu unterscheiden sind Wirkungen hinsichtlich

– der Beschäftigung (= Einrichtung als Arbeitgeber, der Steuern und Abgaben zahlt),

– der Nachfrage (= die Aktivität löst Folgewirkungen bei anderen Organisationen bzw. Unternehmen aus – die sogenannte induzierte Beschäftigungs- und Nachfragewirkung) und

– der vermiedenen Kosten (= Kosten, die der Kommune entstehen, wenn Teile der im Sozialunternehmen beschäftigten Fachkräfte Sozialer Arbeit längere Zeit arbeitslos wären).

■ **SROI 5 – Lebensqualitätseffekte, Kompetenzzuwachs, Bildungsrendite:** Um systematisch Rechenschaft über die Wirkungen der Sozialen Arbeit ablegen zu können, müssen die adressatenbezogenen individuellen Werte gemessen, aggregiert und in eine Kennzahl zusammengefasst werden. Grundlage hierfür sind Angaben in den Hilfeplänen, Anamnesebögen, Zielvereinbarungen, Entwicklungsberichten oder anderen möglichst validen Messinstrumenten. Aber die Rentabilität als Kennzahl ist methodisch schwierig zu erfassen. „Voraussetzung hierfür ist, ganz banal, die Übersetzung fachlicher Dimensionen in eine Sprache der Zahlen, mit der informiert und gerechnet werden kann. Informiert über Zielerreichung und gerechnet in Produktivitätsgrößen" (Wagner; Halfar, 2011a, S. 3).

Dass die Sozialausgaben der öffentlichen Hand keine versenkten Mittel sind, sondern Investitionen, und dass Soziale Arbeit wertschöpfend ist, macht die bundesweite Studie der Sozialbilanz von Werkstätten für behinderte Menschen deutlich. Im Auftrag der Bundesarbeitsgemeinschaft Werkstätten für behinderte Menschen (BAG WfbM) berechneten das Beratungsunternehmen „xit forschen. planen. beraten." und die Katholische Universität Eichstätt-Ingolstadt den Social Return on Investment (SROI). Dafür wurden die Daten von 26 Werkstätten ausgewertet. Beispiel 3.2 gibt einen Überblick über zentrale Ergebnisse.

PRAXISBEISPIEL 3.2:

Ausgewählte Ergebnisse der am 22.04.2014 vorgelegten bundesweiten SROI-Studie der Bundesarbeitsgemeinschaft Werkstätten für behinderte Menschen e. V.:

„SROI 1: Werkstattleistungen kosten weniger als die Hälfte

(…) Von 100 Euro, die die öffentlichen Haushalte für die Werkstätten ausgeben, nehmen sie 51 Euro über Sozialabgaben direkt wieder ein.

SROI 2: Werkstattbeschäftigte sind aktive Gesellschaftsmitglieder

(…) Von 100 Euro Transferleistungen, die die Werkstattbeschäftigten erhalten, zahlen sie im Schnitt 69 Euro an die öffentlichen Kassen zurück.

SROI 3: Rechtsanspruch auf Teilhabe am Arbeitsleben kommt Gesellschaft günstiger

(…) Ein Werkstattplatz kostet die öffentliche Hand nach Abzug der erhaltenen Einnahmen aus Steuern und Beiträgen im Schnitt 9.980 Euro pro Jahr. Würden die Beschäftigten zu Hause bleiben und auf Teilhabe am Arbeitsleben verzichten, entstünden Betreuungskosten von durchschnittlich 10.390 Euro pro Person.

SROI 4: Werkstattunternehmen sind Wirtschaftsfaktoren

(…) Hochgerechnet erzeugen Werkstätten bundesweit eine direkte Nachfrage von rund 2,7 Milliarden Euro. Das Werkstättennetz schafft Arbeitsplätze in den Regionen. 300.000 Menschen mit Behinderung und 70.000 Fachangestellte sind direkt bei Werkstattunternehmen beschäftigt. Werkstätten generieren Einkommen in Höhe von 3 Milliarden Euro. Durch die wirtschaftliche Tätigkeit von Werkstätten entsteht eine induzierte Nachfrage in Höhe von 6 Milliarden Euro.

Unterm Strich: ein deutliches Plus für die Gesellschaft

Die Teilhabeangebote der Werkstätten für behinderte Menschen sind in mehrfacher Hinsicht wertschöpfend. Sie verbinden Sozialleistungen und wirtschaftliche Produktivität zu einem Kreislauf. Werkstätten befähigen Menschen mit Behinderung, aktiver Teil der Gemeinschaft zu sein. Die dafür notwendigen Sozialinvestitionen müssen in Relation zu ihren Wirkungen und Rückflüssen betrachtet werden.

- 51 Prozent der investierten Mittel fließen direkt an die öffentliche Hand zurück.
- Insgesamt verschaffen Werkstätten der öffentlichen Hand Einnahmen und Einsparungen in Höhe von 2,9 Milliarden Euro im Vergleich zu Investitionen in Höhe von 5,6 Milliarden Euro (Hochrechnung)." (BAG WfbM, 2014)

Zusammenfassung

Seit rund zwei Jahrzehnten wird die Soziale Arbeit immer wieder mit der Frage konfrontiert, wie sich die Wirkungen ihrer Arbeit nachweisen lassen. Die Darstellung der nachweisbaren Wirkungen und Wirkungsfaktoren Sozialer Arbeit – exemplarisch dargestellt an den Hilfen zur Erziehung und der Kinder- und Jugendarbeit – zeigt, dass Soziale Arbeit wirkt.

Deutlich wird auch, dass in den Handlungs- bzw. Arbeitsfeldern Sozialer Arbeit die Thematik der Wirkungsorientierung in unterschiedlichem Umfang und unterschiedlicher Intensität bearbeitet wird. Für den Praxisbereich der Hilfen zur Erziehung liegen die vielfältigen Wirkungsbefunde in systematischer, gut aufbereiteter Form vor. Im Gegensatz hierzu zeigt sich in der Kinder- und Jugendarbeit, dass dieser Praxisbereich erst mit deutlicher Verzögerung die Wirksamkeit entdeckt. Oder mit anderen Worten: Die Wirkungsorientierung als Megathema der Sozialen Arbeit wird in der Kinder- und Jugendarbeit bislang eher als Lightversion aufgegriffen.

Unabhängig davon kristallisieren sich als handlungsfeldübergreifende, wirkmächtige Faktoren die Ressourcen, (Hilfeplan-)Zielerreichung, Zufriedenheit, Befähigungs- bzw. Verwirklichungschancen und Unterstützung zur Bewältigung gesellschaftlicher Anforderungen heraus.

Die Beispiele des wirkungsorientierten Investierens machen deutlich, dass vielfältige Wege und Suchbewegungen existieren bzw. gegangen werden, um nachweisbare, valide Antworten bei der Suche nach einer *wirk*lichen Sozialen Arbeit zu finden. Die ersten Implementationserfolge liegen vor. Über die Zufriedenheit der Adressaten ist damit aber nichts gesagt. Sie zu fragen und die Leistungen an ihren spezifischen Erwartungen, Wünschen und Bedarfen auszurichten, muss weiterhin das vorrangige Ziel bleiben. Auch das wirkungsorientierte Investieren ist kein Wundermittel für die Soziale Arbeit und bildet keine objektiv messbare Wirkung ab.

Aufgaben zur Selbstüberprüfung

AUFGABE 3.1:

Was sind Wirkungsfaktoren?

AUFGABE 3.2:

Was wird unter den Begriffen Outcome und Impact verstanden?

AUFGABE 3.3:

Was sind die strukturellen Charakteristika der Kinder- und Jugendarbeit?

AUFGABE 3.4:

In welche Schritte untergliedert sich eine SROI-Analyse?

Mögliche Lösungen zu den Aufgaben zur Selbstüberprüfung finden Sie auf den Seiten 117 ff.

4 Soziale Arbeit in der Wirkungsfalle? Analysen und Perspektiven

Nach der Bearbeitung dieses Kapitels kennen Sie die ethischen Grundlagen Sozialer Arbeit, die bei Fragen der Wirkungsorientierung und in der Wirkungsforschung stets zu berücksichtigen sind. Sie können jenseits des traditionellen Wirkungsbegriffs ein alternatives Wirkungsverständnis benennen, das für das Entscheiden in der Sozialen Arbeit erfolgsversprechend ist.

Selbstverständlich wirkt Soziale Arbeit! Interventionen und Maßnahmen Sozialer Arbeit haben erstens Ziele, und zweitens haben diese Ziele (in welcher Weise auch immer) eine Wirkung. Aufschlussreich ist die Frage, auf welche Weise und in welcher Hinsicht sich welche Interventionspraktiken Sozialer Arbeit in der Lebensführung der Adressaten auswirken. So ziemlich alles, was Soziale Arbeit

> „tut oder nicht tut, lässt sich operationalisieren, d. h. in Form von methodisch feststellbaren Merkmalen beschreiben. Sobald dies geschehen ist, lassen sich ‚eindeutige' Messungen vornehmen, die nicht im geringsten ‚weniger präzise' sind als die in Euro und Cent ausgedrückten Berechnungen der Betriebswirtschaftslehre. Entscheidend ist weniger die ‚technische' bzw. methodisch-methodologische Möglichkeit von Messungen, sondern die Frage, ob das, was dabei herauskommt, sinnvoll ist" (Schrödter; Ziegler, 2007, S. 6).

Trifft eine Wirkungsmessung also tatsächlich den Kern, um den es in der Sozialen Arbeit gehen soll?

In einigen Handlungs- und Arbeitsfeldern liegen zahlreiche empirisch nachweisbare Wirkungsbefunde vor, in anderen bleibt eine solche erstrebenswerte Zustandsbeschreibung einstweilen Zukunftsmusik (vgl. Kap. 2.3). Der Auftrag einer Forschung, die als Evaluation prüft, was in den Handlungsfeldern der Sozialen Arbeit tatsächlich geleistet wird, hat dazu beizutragen, dass sich die Gestaltungsmöglichkeiten der Praxis verbessern. Auch die Wirkungsforschung trägt in diesem Sinne zur Praxisentwicklung gestaltend bei (vgl. Sommerfeld, 2011, S. 1470). Dabei nutzt die sozialpädagogische Forschung die elaborierten Methoden der empirischen Sozialforschung. Zu berücksichtigen ist jedoch, dass die Auswahl der Forschungsmethoden immer bestimmte Forschungsverhältnisse und Forschungssituationen erzeugt. Daraus folgt, dass Methoden, Gegenstand und Kategorien permanent zu reflektieren sind, damit die so erhobenen Daten nicht für sogenannte herrschaftliche Zwecke instrumentalisiert werden können.

In dieser Situation ist eine zentrale Frage, ob sozialpädagogische Forschung für den Adressaten einen Gebrauchswert entfaltet, als Ressource der Artikulation eigener Interessen dient und/oder gesellschaftliche Konflikte bzw. Widersprüche thematisiert (vgl. Schimpf; Stehr, 2012, S. 9). Für die Wirkungsforschung wird konstatiert, dass die Auswahl der Indikatoren und Maßstäbe, die zur Wirkungsmessung herangezogen werden, kontinuierlich das Ergebnis politisch-normativer Entscheidungen sind. Der Diskurs um eine Wirkungsorientierung ist unter Berücksichtigung dieser Kontextbedingung stets eine Debatte darüber, „was der Auftrag und das Ziel Sozialer Arbeit sein *soll* und wie Soziale Arbeit durchzuführen *sei*" (Ziegler, 2012, S. 94).

Das Nachdenken über Wirkungen Sozialer Arbeit hat insofern im Spannungsfeld von sozialstaatlicher Beauftragung und normativem Selbstverständnis stattzufinden und erfordert dessen kritische Reflexion. In diesem Diskurs wird danach gefragt, welche ethischen Prinzipien bedeutsam sind und wie diese sich in der konkreten Forschung umsetzen bzw. kontrollieren lassen.

4.1 Für eine wirkungsbasierte Ethik in der Sozialen Arbeit

Die Diskussion über eine angemessene Berufs- und Forschungsethik und die Reflexion der Moral, d. h. Ethik, spielen in der sozialwissenschaftlich fundierten Sozialen Arbeit eine immer wichtigere Rolle. Die schrittweise Ökonomisierung der Sozialen Arbeit ab Mitte der 1990er-Jahre und das Aufkommen der neuen Steuerung im Kontext der Transformation des wohlfahrtsstaatlichen Arrangements haben maßgeblich zum Bedeutungszuwachs moralischer bzw. ethischer Begründungs- und Orientierungsfragen beigetragen. Die Debatte um eine gute und fachlich angemessene Soziale Arbeit präsentiert sich unter Namen wie Qualitätsdebatte oder Debatte um Wirkungsorientierung (vgl. Kap. 1.2).

Weithin beobachtbar ist, dass Soziale Arbeit moralisch fundiert ist. Sie agiert im Anspruch sozialer Gerechtigkeit, orientiert sich an den Menschenrechten und beabsichtigt, in einem lebensweltorientierten Verständnis zusammen mit den Adressaten nachhaltige Beiträge für deren gelingendes Leben zu leisten. Berücksichtigung finden muss hierbei, dass professionelles Handeln stets „in der Offenheit von Verantwortung steht, also im Willen zum rechten Handeln und im Risiko des Gelingens und Scheiterns und von Schuld" (Thiersch, 2011, S. 977). Dies vermag ein weitverbreitetes Unbehagen zu erklären, dass Soziale Arbeit im „Namen und mit dem Instrument von Moral (...) gesellschaftliche Chancen, Arbeits- und Lebensrollen, Ungleichheiten" (Thiersch, 1987, 19) zu verteilen hat. Hinzu kommt, dass Fachkräfte in lebensweltlichen Kontexten, indem sie ihre professionelle Arbeit tun, auch einseitig in die persönlichen Lebensverhältnisse oder die Intimsphäre der Adressaten eingreifen (können).

Solche Problematiken sind Ausgangspunkt und Gegenstand der Berufsethik, in der u.a. Fragen nach der gesellschaftlichen Funktion der Sozialen Arbeit und über Ziele bzw. Wirkungen, die Soziale Arbeit in der Arbeit mit und für die Adressaten zu erreichen sucht, verhandelt wird (vgl. Münchmeier, 2013, S. 274).

MERKSATZ

Genuin ethische Fragen in der Sozialen Arbeit betreffen nicht nur die Ziele, sondern insbesondere auch die Wirkungen sozialpädagogischen Handelns. Daraus folgt, dass Fachkräfte der Sozialen Arbeit nicht nur Verantwortung für die Richtigkeit ihres Handelns tragen, sondern auch für die Folgen ihres Tuns für die Betroffenen bzw. Adressaten – einschließlich der nicht intendierten Nebenfolgen.

ÜBUNG 4.1:

Der Deutsche Berufsverband für Soziale Arbeit e. V. (DBSH) ist der größte deutsche Berufs- und Fachverband für Soziale Arbeit. Die Einhaltung von Berufsethik und Qualitätsstandards der Sozialen Arbeit ist ein wichtiges Anliegen des DBSH. Recherchieren Sie auf der Homepage, wie der Berufsverband das Verhältnis von Ethik, Sozialer Arbeit und Berufsethik sieht.

Dieses verantwortungsethische Selbstverständnis findet seinen Niederschlag im instruktiven Entwurf eines Hippokratischen Eids für die Soziale Arbeit (vgl. Kreft, 2013, S. 426 f.):

1. „Ich bin Mitglied der Profession/Disziplin Soziale Arbeit/Sozialpädagogik und werde deren Eigensinn (Eigenart) verteidigen.

2. Innerhalb und außerhalb meiner Berufsarbeit werde ich mich allein und gemeinsam mit anderen dafür einsetzen, dass zur Verwirklichung sozialer Gerechtigkeit geeignete Sozialleistungen i. S. des § 1 des Sozialgesetzbuches I rechtzeitig und ausreichend zur Verfügung stehen.

3. Ziel meiner Arbeit ist es, Menschen eine nach ihren individuellen Möglichkeiten weitestgehend selbstbestimmbare soziale Teilhabe am gesellschaftlichen Leben zu ermöglichen: ohne Unterschied des Geschlechts, der Religion, der Nationalität/ethnischen Zugehörigkeit, ihrer politischen Meinung und ihrer sozialen Stellung.

4. Ich werde allen Menschen im Rahmen meiner Arbeit mit Respekt vor ihrer eigenständigen Persönlichkeit begegnen und mich darum bemühen, mit ihnen gemeinsam die notwendigen Leistungen zu gestalten.

5. Ich werde die mir von ihnen gegebenen Informationen nicht unbefugt weitergeben.

6. Ich werde nach den Regeln der sozialpädagogischen/sozialarbeiterischen Kunst handeln und ich werde über die gesamte Zeit meiner Berufstätigkeit in geeigneter Weise und auch in eigener Verantwortung dafür sorgen, dass ich die jeweils aktuellen fachlichen Handlungsstandards meiner Profession im Allgemeinen und meines Teilarbeitsfeldes im Besonderen kenne und beherzige."

Der Diskurs zur Forschungsethik knüpft unmittelbar an die dargelegte berufsethische Verortung Sozialer Arbeit an. Forschungsethische Diskussionen beziehen sich zunächst vorzugsweise auf die Aspekte der unmittelbaren Forschungsinteraktion. Hierbei gilt folgende forschungsleitende Grundprämisse:

„Der Respekt vor der Person, der Schutz der Privatsphäre und die Minimierung der potenziellen Schädigung durch das Forschungsvorhaben muss [sic] Vorrang haben vor dem aus Wissenschaftsperspektive zu maximierenden Erkenntnisinteresse." (Miethe; Gahleitner, 2010, S. 575)

Deutlich wird bereits an dieser Aussage, dass die Menschenrechte nicht nur für jedwedes menschliche Handeln ausschlaggebend sind bzw. sein sollten, sondern auch Grundlage der forschungsethischen Prinzipien sind. Grundlegend für eine Forschungsethik (nicht nur) in der Sozialen Arbeit sind vor allem das Prinzip der informierten Einwilligung (= *informed consent*) und der prinzipielle Aspekt der Nichtschädigung der Befragten im gesamten Verlauf des Forschungsprozesses. Welche Rechte sich daraus für die Befragten ableiten, wird im Ethikkodex der Deutschen Gesellschaft für Erziehungswissenschaft (DGfE) herausgestellt. Als akademische Fachgesellschaft vereinigt sie Wissenschaftler, die mit Forschung und Lehre in den Bereichen Bildung, Erziehung und Soziales befasst sind. Der Ethikrat der DGfE hat die Aufgabe zu überprüfen, ob die ethischen Prinzipien eingehalten werden und bei formellen Beschwerden über ein Fehlverhalten die Vorwürfe zu prüfen und ggf. Anhörungen der Parteien durchzuführen.

Auszug aus dem Ethikkodex der Deutschen Gesellschaft für Erziehungswissenschaft

„Die Mitglieder der Deutschen Gesellschaft für Erziehungswissenschaft (DGfE) gehen davon aus, dass es heute keine wissenschaftliche Erkenntnis oder Lösung mehr gibt, die nicht der ethischen Reflexion ihres Wertes und ihrer Folgewirkungen bedarf. (…)

§ 4 Rechte von Probandinnen und Probanden

1. Die Persönlichkeitsrechte der in wissenschaftliche Untersuchungen einbezogenen Personen werden respektiert.
2. Die Einbeziehung von Probandinnen und Probanden in empirische Untersuchungen setzt prinzipiell deren Einwilligung voraus und erfolgt auf der Grundlage einer im Rahmen des Untersuchungsdesigns möglichst ausführlichen Information über Ziele und Methoden des Forschungsvorhabens. Besondere Anstrengungen zur Gewährleistung einer angemessenen Information sind erforderlich, wenn davon auszugehen ist, dass die in die Untersuchung einbezogenen Personen aufgrund ihres Bildungskapitals, ihrer Milieu- oder Schichtzugehörigkeit, ihrer sozialen Lage oder ihrer Sprachkompetenzen nicht ohne spezifische Informationen die Intentionen und Modalitäten des Forschungsvorhabens durchdringen können. (…) Die Betroffenen sind über Risiken aufzuklären.

3. Die Integrität der befragten oder beobachteten Personen ist zu wahren. Grundsätzlich sollen solche Verfahren genutzt werden, die eine Identifizierung der Untersuchten ausschließen, also Anonymität gewährleisten. Werden die Daten elektronisch verarbeitet, sind sorgfältige Vorkehrungen gegen einen unberechtigten Datenzugang zu treffen." (DGfE, 2004, S. 3)

Übergreifend können die folgenden wichtigen ethischen Prinzipien für die (Wirkungs-)Forschung in der Sozialen Arbeit als Mindeststandards gelten (vgl. Miethe; Gahleitner, 2010, S. 574 ff.):

- die Achtung der Menschenrechte und der Menschenwürde

- der Schutz des Individuums

- die Transparenz über Anlass und Folgen der Untersuchung

- keine Weitergabe personenbezogener Daten

- die Anonymisierung aller erhobenen Daten

- eine dem entwicklungspsychologischen Entwicklungsstand oder der Lebenslage des Untersuchten angemessene Forschung (= Gefahr eines Pseudo-Consent)

- die Berücksichtigung der Grenzen von Freiwilligkeit in hierarchischen Konstellationen (z. B. zwischenmenschliche oder gesellschaftliche Hierarchien zwischen Erwachsenen, Kindern und Fachkräften)

- das Abschätzen möglicher (Verletzungs-)Risiken vor der Umsetzung des Forschungsvorhabens (z. B. psychische Schäden, Re-Traumatisierungen) und eventuell Angebote für vorbeugende Maßnahmen

- die Teilnehmer bzw. Probanden erhalten in der Regel schriftliche Unterlagen zur Studie und bestätigen mit ihrer Unterschrift die Zustimmung zur Teilnahme

- die Beachtung der forschungsspezifischen Regeln des Bundesdatenschutzes (BDSG)

Vor dem Horizont dieses Kanons forschungsethischer Aspekte wird deutlich, dass bestimmte forschungsbezogene Untersuchungszugänge, wie die versteckte Beobachtung oder auch das Laborexperiment, in der Sozialen Arbeit ethisch nicht vertretbar sind.

Zu der Thematik „Ethik und Wirkungsanalyse" lassen sich noch weitere gewichtige Konsequenzen für die Wirkungsanalyse ableiten (vgl. Knorr, 2007, S. 12 ff.). Im Vorfeld einer Wirkungsforschung gilt es sich darüber zu verständigen, welcher Umgang mit ihren Ergebnissen moralisch bzw. ethisch geboten, welcher problematisch und welcher verboten ist. Haben sich die an der Suche nach Wirkungen beteiligten Akteursgruppen (Adressaten, Fachkräfte, Leistungsanbieter, Politiker usw.) auf die zugrunde gelegten Werte und Normen als ethische Basis verpflichtend geeinigt, reduziert sich bzw. schwindet die Gefahr, dass die empirischen Befunde und Analysen aufgrund von ökonomischen Zwängen o.Ä. missbräuchlich, d. h. den ethischen Konsens verletzend, verwertet werden. Erst wenn dies gewährleistet ist, kann Wirkungsforschung als eine ergänzende Perspektive dienen, um Soziale Arbeit fachlich weiterzuentwickeln.

Ein nach den hier aufgeführten Grundregeln guter wissenschaftlicher Praxis ethisch verantwortliches Forschen hat des Weiteren für die Veröffentlichung von Wirkungsergebnissen eine forschungspraktische Bedeutung: Es ist zu reflektieren, inwieweit Befunde wissenschaftlicher Untersuchungen potenziell als Grundlage für politische Entscheidungen – auch gegen die Interessen der Adressaten – genutzt werden können. In dieser Situation ist in Anlehnung an Strech (vgl. 2008, S. 285) für eine informationskritische, wirkungsbasierte Ethik in der Sozialen Arbeit zu votieren, die explizite Aussagen zur Validität der Daten, zu deren Übertragbarkeit auf den entsprechenden Kontext und zur Relevanz des Ergebnisausmaßes für die anstehenden Empfehlungen bzw. Entscheidungen umfasst. Oder, Bezug nehmend auf die essenzielle erkenntnistheoretische Aussage Immanuel Kants in seiner „Kritik der reinen Vernunft", zugespitzt formuliert:

> „Gedanken [ethische Prinzipien, Normen] ohne Inhalt [empirische Informationen, Evidenz] sind leer, Anschauungen [empirische Informationen, Evidenz] ohne Begriffe [ethische Prinzipien, Normen] sind blind." (Kant zit. nach Strech, 2008, S. 281)

4.2   Für eine andere Wirkungsforschung in der Sozialen Arbeit

Von der Medizin lernen? Das Thema Evidenzbasierung hat Konjunktur und wird seit einiger Zeit wissenschafts-, bildungs- und sozialpolitisch vielfach gefordert und gefördert: Eine Datenerhebung mit standardisierten Instrumenten und in großen, möglichst nach dem Zufallsprinzip ausgewählten Stichproben erzeugt eindeutige, reiche Daten, die Aussagen über statistische Signifikanz erlauben. Die grundlegende Annahme dieses standardisierten Indikations-, Diagnose- und Bewertungsverfahrens bzw. Standardisierungsparadigmas lautet: Die Forschung generiert Wissen darüber, was am besten wirkt, und stellt dieses nützliche Wissen der Praxis als Regelwissen zur Verfügung. Durch die wirkungsorientierte Steuerung bzw. Übertragung des Regelwissens auf andere Situationen wird (im Idealfall) die gewünschte Wirkung erzielt. Die damit verknüpfte Erwartungshaltung ist, dass nur noch die Maßnahmen und Interventionen Sozialer Arbeit finanziert werden, die bereits eine Art „Markenstatus" erhalten haben oder deren versprochene Wirkungen erst noch nachvollziehbar zu belegen sind – soweit in gebotener Kürze die Ansprüche der sogenannten klassischen Wirkungsforschung als Forschung nach Ursache-Wirkungs-Zusammenhängen und -Hypothesen (vgl. Kap. 1.3).

PRAXISBEISPIEL 4.1:

Von der Evidence-based Medicine zur Präzisionsmedizin: das perfekte Medikament, die wirksamste Therapie, Gesundheit à la carte

„‚Präzisionsmedizin' ist ein Zauberwort in den Augen der Gesundheitsstrategen. An wohl keine andere Vision der Heilkunst knüpfen sich ähnlich große Hoffnungen, kein Ausblick in die Zukunft ärztlichen Handelns kommt ohne sie aus. Präzise, personalisiert, maßgeschneidert – so sollen medizinische Interventionen künftig sein. Jeder Patient erhalte dann, so die Versprechung, genau diejenige Therapie, die bei seiner Lebensweise, seiner Krankheitsgeschichte und seiner genetischen Ausstattung die wirkungsvollste ist. ‚Die richtigen Behandlungen zur richtigen Zeit für die richtige Person', so formulierte es US-Präsident Barack Obama, als er der Öffentlichkeit im vergangenen Jahr den Plan zur Precision Medicine Initiative (PMI) vorstellte." (Grolle, 2016, S. 106)

„‚Wir starteten bei einer intuitiven Medizin. Dann gelangten wir zur Evidence Based Medicine, die Krankheiten nach gemeinsamen Symptomen klassifiziert und auf statistischen Untersuchungen beruht, wer im Durchschnitt besser (oder schlechter) abschneidet. Aber wir wussten nicht, welcher Patient das sein würde. Jetzt kommen wir zu reproduzierbaren Prognosen', sagte Boris Bastian, Professor für Krebsbiologie der Universität von Kalifornien." (SpringerMedizin.at, 2012)

Die bisherigen Ausführungen in diesem Methodenbuch haben gezeigt, dass eine technologische Anleitung professioneller Arbeit in der Sozialen Arbeit illusionär bzw. unmöglich ist: Die Bedeutung eines Faktors verändert sich von Fall zu Fall mit dem Einfluss anderer Faktoren. Daraus folgt, dass es eindeutige, wissenschaftlich-empirisch auflösbare Problem- und Krisenkonstellationen nicht gibt.

Grundsätzlicher formuliert: Hundertprozentig sicher kann man sich in der Wissenschaft nie sein. Statistik analysiert einzig die Wahrscheinlichkeit, dass ein bestimmtes Ereignis bzw. eine bestimmte Intervention eine prognostizierte Wirkung hervorruft. Dies erklärt zum einen, dass die Forschung nicht immer das erfüllen kann, was viele von ihr erwarten: Forschungsergebnisse sind von Rahmenbedingungen abhängig und können fehlerhaft sein; zum anderen, dass viele Studien sich nicht reproduzieren bzw. bestätigen lassen (vgl. Zauner, 2014). Auf den Punkt gebracht: Die Evidenzbasierung der Sozialen Arbeit ist eine Scheinlösung für ein schwieriges Problem (vgl. Brügelmann, 2015).

Im Umkehrschluss darf dies aber nicht dazu führen, dass Soziale Arbeit sich nicht zur unbestritten brisanten Thematik der Wirkungsorientierung positioniert. Vielmehr gilt, dass Soziale Arbeit sich nicht der Frage nach der Wirksamkeit entziehen darf/kann. Sie ist im Gegenteil aufgefordert, die Kriterien der Wirksamkeit aktiv mitzugestalten – und dies im Wissen, dass Fragen der Wirkungsorientierungen in Forschung und Praxis nie wertfrei, sondern zugleich Interpretation und Bewertung sind. Eine weiterzuentwickelnde Wirkungsforschung sollte dies berücksichtigen.

ÜBUNG 4.2:

Im Zuge der Verwaltungsvereinbarung zwischen Bund und Ländern zur „Bundesinitiative Netzwerke Frühe Hilfen und Familienhebammen" wurde das Nationale Zentrum Frühe Hilfen (NZFH) als Koordinierungsstelle des Bundes beauftragt, die wissenschaftliche Begleitung der Bundesinitiative zu übernehmen. Ziel ist die Ermittlung der Versorgungsqualität der Familien und ihrer Kinder sowie die Erarbeitung von Empfehlungen für die Ausgestaltung einer dauerhaften Finanzierung nach Abschluss der Bundesinitiative.

Recherchieren Sie auf der Homepage des NZFH, welche drei Bereiche das Forschungskonzept der wissenschaftlichen Begleitung umfasst.

Aus einer Perspektive, die bestrebt ist, das Professions- und Wirkungskonzept Sozialer Arbeit miteinander zu verknüpfen, ist das in der Wirkungsforschung dominante Verständnis einer Wirkungsorientierung aus den genannten Gründen nicht haltbar. Es ist für eine realistische Wirkungsforschung zu plädieren, die auf einer professionell gesteuerten Praxis Sozialer Arbeit basiert. Bei einer solchen realistischen Wirkungsmessung geht es darum, empirisch fundierte Grundlagen von Erklärungs- und Reflexionswissen herauszuarbeiten, um auf der Basis einer Analyse von Kontext-Mechanismus-Ergebnis-Konfigurationen die professionelle Entscheidung wirkungsorientiert fundieren zu können (vgl. Pawson; Tilley, 2009, S. 156 ff.). Im Vordergrund steht das Zusammenspiel der vielfältigen Kontexte, die in sozialen Situationen auf die Adressaten Sozialer Arbeit wirken, sowie der Einbezug von Mechanismen. Programme bzw. Interventionen regen bestimmte Mechanismen an, die je nach Kontext zu unterschiedlichen Ergebnissen führen. Das Konzept des realistischen Evaluationszyklus bzw. Evaluationszirkels wird in der Abbildung 4.1 dargestellt.

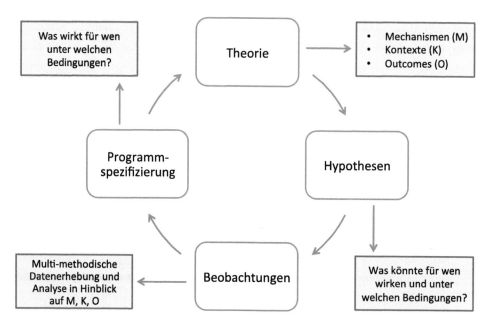

Abb. 4.1: Der realistische Evaluationszyklus nach Pawson und Tilley (zitiert nach Rille-Pfeiffer et al., 2014, S. 16)

Der realistische Evaluationszyklus beginnt stark theoriegeleitet – immer im Hinblick auf: Mechanismen, Kontexte und Outcomes (vgl. Abb. 4.2).

Komponenten des realistischen Evaluationszyklus

 Mechanismen
Auslöser für Funktions- oder Wirkfähigkeit von
Programmen, Interventionen

 Kontexte
Programmumfeld; politisches, gesellschaftliches,
lokales Umfeld, soziale Beziehungen, akteursbezogene Lebenslage etc.

 Outcomes
messbare Veränderungen über einen gewissen
Zeitraum

Abb. 4.2: Die wichtigsten Komponenten des realistischen Evaluationszyklus

Ein weiterer Baustein im Ansatz der realistischen Evaluation (Realist Evaluation) ist das explizite Befürworten eines Methodenpluralismus. Bei dieser Forschungsstrategie, die auch als Triangulation bezeichnet wird, werden verschiedene (qualitative und/oder quantitative) Forschungsmethoden zur Erforschung eines Phänomens herangezogen, um mit den Stärken der jeweils einen forschungsmethodischen Vorgehensweise die Schwächen der jeweils anderen auszugleichen. Die Auswahl der Forschungsmethode hat letztlich aber immer an den aufgestellten Hypothesen zu erfolgen.

Das Ziel der realistischen Evaluation ist nicht eine allgemeine Generalisierung der Evaluationsergebnisse, sondern deren Spezifizierung für das evaluierte Programm bzw. die evaluierte Intervention: Was wirkt für wen und unter welchen konkreten Bedingungen? In diesem Sinne ist die realistische Evaluation eindeutig kausalitätsorientiert und grenzt sich so von einer rein deskriptiven oder normativen Evaluation eindeutig ab. Sie folgt aber auch einem realistischen Kausalitätsbegriff: Beispielsweise ist eine explorative Fallstudie mithilfe qualitativer und quantitativer Methoden, bei der zu Beginn des Forschungsvorhabens wenig theoretisches Wissen über die

Untersuchungsfrage vorliegt, nicht weniger als kausalitätsorientierte Untersuchung anzusehen als eine klassische, quantitative Ex-post-Programmstudie (vgl. Rille-Pfeiffer, 2014, S. 16).

> **MERKSATZ**
>
> Das Ziel einer realistischen Wirkungsforschung ist es, darüber Auskunft zu geben, was für welche Adressaten unter welchen Umständen/Bedingungen warum welche Wirkungen zeigt.

Während klassische experimentelle Untersuchungsdesigns sich auf die Beschreibung statistischer Zusammenhänge zwischen den Outcome-Variablen und der Intervention bzw. linearen Ursache-Wirkungs-Aussagen beschränken, wird beim realistischen Evaluationszyklus versucht, auch die Ursachen für diese Zusammenhänge zu eruieren, indem die sogenannten Kontext-Mechanismus-Outcome-Konfigurationen erfasst werden. Damit soll nicht bloß eine Absage an eine einfache kausaltechnologische Rationalität erfolgen, sondern soll vor allem die oft kritisierte Blackbox der Programmwirkung beleuchtet werden, die viele Evaluationsstudien nicht nur im Kontext der Evidenzbasierung hinterlassen. Methodologisch ist hierbei von Interesse, dass sich diese kritisch-realistischen Ansätze der Wirkungsforschung letztlich zwischen quantitativen und qualitativen Forschungsperspektiven des Erklärens und Verstehens einordnen, da die Resultate quantitativer Kontrollgruppenstudien ebenso wie diejenigen qualitativer Fallstudien – mit spezifischen Perspektiven – berücksichtigt werden (vgl. Dahmen, 2011, S. 77 ff.).

Auf der Basis einer realistischen Evaluation der Effekt-, Struktur- und Prozessvariablen wird ein Erklärungs- und Reflexionswissen erzeugt, das dazu dient, das Entscheiden (und spätere Handeln) in der Praxis Sozialer Arbeit zu begründen bzw. zu untermauern. Das Anliegen dieses alternativen Wirkungsverständnisses ist es somit, Verursachungsmechanismen und -prozesse präzise zu beschreiben bzw. zu analysieren und in deren Reflexion erklärende Deutungen über Wirkungszusammenhänge bereitzustellen: So berücksichtigt beispielsweise die politische Steuerung die Einflüsse von Gesetzen, das Verhalten und Interessen der Sozialpartner und politischen

Instanzen. Auf der (Fach-)Ebene der Sozialen Arbeit stehen die Leistungen sozialer Unterstützungssysteme im Fokus, auf der Fallebene geht es um die Identifikation von Einflussgrößen, die im sozialen System wirken.

Vor diesem Hintergrund ergibt sich für die realistische Wirkungsforschung die Aufgabe zu erforschen,

> „wie bestimmte soziale Mechanismen mit (strukturellen) Ressourcenausstattungen, Gelegenheitsstrukturen, Handlungsbefähigungen und Handlungsentscheidungen der Akteure/ -innen mit dem spezifischen sozialen Kontext (beispielsweise den vorherrschenden institutionalisierten Regeln, kulturellen Normen oder Machtungleichgewichten usw.) verbunden sind, vor deren Hintergrund sich die je konkreten Effekte sozial wirksamer generativer Mechanismen erst realisieren." (Ziegler, 2009, S. 214)

Fassen wir das Gesagte zusammen: Für die Wirkungsforschung in der Sozialen Arbeit eröffnet die kritisch-realistische Forschungsperspektive die Möglichkeit, die Mechanismen, Bedingungen und Kontexte, die zu bestimmten Wirkungen bzw. Outcomes geführt haben, genauer zu identifizieren und zu beschreiben. Diese alternative Wirkungsorientierung hat nicht den Anspruch, die unter spezifischen Rahmenbedingungen agierende sozialpädagogische Fachlichkeit anzuleiten, sondern mittels empirisch gesättigter Wissensgrundlagen differenzierte Wissenszusammenhänge für das fall- und kontextspezifische Entscheiden (und Handeln) in der Sozialen Arbeit bereitzustellen: Das Wissen über Wirkungszusammenhänge ist die Voraussetzung zur Fundierung professioneller Entscheidungen. Damit bietet die Realist Evaluation ein schlüssiges theoretisches Erklärungsmodell für die Wirksamkeit von Interventionen und Maßnahmen Sozialer Arbeit an.

MERKSATZ

Wirkungsforschung nach dem Ansatz der Realist Evaluation stellt eine gangbare Alternative zu den bisherigen Entwürfen einer wirkungsbasierten Sozialen Arbeit dar.

Zusammenfassung

Ethische Ansprüche und normative Ziele gehören zu den elementaren Grundlagen der Sozialen Arbeit. Fachkräfte der Sozialen Arbeit müssen ihr eigenes Handeln stets in ethischer Hinsicht reflektieren.

Auch Forschung im Feld der Sozialen Arbeit muss ethischen Prinzipien genügen. Forschungsethik spielt über den gesamten Forschungsprozess hinweg eine entscheidende Rolle. Dabei kommt der Beachtung der beiden Prinzipien „informierte Einwilligung" und „Nichtschädigung" eine zentrale Bedeutung zu. Diese Prinzipien gelten selbstverständlich auch für die Wirkungsforschung. In Kenntnis der begrenzten Aussagekraft einer bis heute in weiten Teilen dominierenden Wirkungsforschung, die nach nachweisbaren Ursache-Wirkungs-Zusammenhängen forscht, stellt ein Forschungsdesign nach dem Ansatz der Realist Evaluation bzw. der realistische Evaluationszyklus ein geeignetes Verfahren und Erklärungsmodell dar. Hiermit verknüpft ist die Hoffnung auf verstärkte Nutzbarmachung wissenschaftlichen Wissens für das Entscheiden in Handlungskontexten.

Aufgaben zur Selbstüberprüfung

AUFGABE 4.1:

Welche Rolle spielt die Verantwortungsethik in der Sozialen Arbeit?

AUFGABE 4.2:

Was ist unter dem Prinzip der informierten Einwilligung zu verstehen?

AUFGABE 4.3:

Worin unterscheidet sich der alternative Wirkungsbegriff einer Realist Evaluation vom dominanten Wirkungsverständnis?

Mögliche Lösungen zu den Aufgaben zur Selbstüberprüfung finden Sie auf den Seiten 117 ff.

Schlussbetrachtung

Mit dem Durcharbeiten dieses Methodenbuchs haben Sie einen längeren „Rundflug" über die Potenziale und Grenzen einer Evidenzbasierung bzw. Wirkungsorientierung für die Disziplin, Profession und Praxis Sozialer Arbeit unternommen. Dabei konnten wir einige Aufnahmen von Dingen machen, die sofort ins Auge fielen; über vieles, was es im weiten Feld der Wirkungen Sozialer Arbeit gibt, sind wir aber eher hinweggeflogen. Als Autor dieses Methodenbuchs hoffe ich, dass Sie bei unserem Flug nicht nur durch Wolken geflogen, abgestürzt oder gar entführt worden sind. Vielmehr hatten Sie hoffentlich einen angenehmen Flug und eine gute Reise. Und mit diesen schnoddrigen Bemerkungen bin ich schon mitten im Thema.

Was sollte nun mit diesem Methodenbuch be*wirkt* werden?

Die Antwort finden Sie bereits in der Einleitung, wenn Sie sich die dort formulierten Lernziele vergegenwärtigen. Sie erinnern sich sicherlich: Um Wirkungen erfassen zu können, müssen vorab die avisierten Ziele formuliert werden. Aber vielleicht haben Sie bei der Auseinandersetzung mit den inhaltlichen Schwerpunkten dieses Methodenbuchs auch noch mehr gelernt.

Wenn ich die Ausführungen zu Wirkungen Sozialer Arbeit noch einmal komprimiere, dann lässt sich festhalten:

Bereits vor knapp zwei Jahrzehnten ist das Konzept evidenzbasierter Praxis ausgehend von der Medizin prominent geworden. Es verspricht, ein experimentell gesichertes und generalisierbares Wissen über das, was wirkt, hervorzubringen. Für die Praxis soll eine Art Regelwissen produziert werden, dass der Profession eine ernstzunehmende wissenschaftliche Grundlage bietet. Im Kontext „Neuer Steuerung" und einer damit einhergehenden Qualitätsdebatte konnte das Modell der evidenzbasierten Sozialen Arbeit rasch an Bedeutung gewinnen, insbesondere, weil Soziale Arbeit damals (wie auch heute noch) unter dem Druck stand, Wirkungen ihrer Arbeit nicht nur zu behaupten, sondern auch zu belegen. Die diversen Suchbewegungen nach Evidenz in der Forschung, die in unterschiedlichen, mehr oder weniger aussagekräftigen empirischen Wirkungsstudien mündeten, stießen nicht überall auf Zustimmung. Im Gegenteil, die Kritik wurde heftiger: Soziale Arbeit ist nicht vermessbar, die Adressaten sind nicht standardisierbar und nicht alles, was zählt, kann – und manches darf aus ethischen Überlegungen erst gar nicht – gezählt werden.

Es zeigt sich, dass Wirkungsforschung in der Sozialen Arbeit eine methodisch höchst kniffige, praktisch ziemlich problematische und ethisch sensible Umsetzung erfordert. Eine eindeutige Antwort auf die Frage aller Fragen, wie man Wirkungen beobachten, nachweisen und analysieren kann, steht noch aus. Trotz aller Vorbehalte und Einschränkungen ist die argumentative Gewalt, die von Begriffen wie Wirkung, Wirksamkeit und Wirkungsorientierung ausgeht, nach wie vor existent. So befindet sich die Soziale Arbeit gegenwärtig auf der Suche nach anderen Wirkungsbegriffen und Strategien von Wirkungsforschung als Alternative zu den Wirkungsversprechungen der evidenzbasierten Praxis.

Anhang

Bearbeitungshinweise zu den Übungen

Übung 1.1

Recherchieren Sie dazu auf der Homepage der Bundesarbeitsgemeinschaft der Freien Wohlfahrtspflege (www.bagfw.de), des Deutschen Berufsverbandes für Soziale Arbeit e. V. (www.dbsh.de) und der Bundesarbeitsgemeinschaft Sozialmanagement/ Sozialwirtschaft (BAG SMW) e.V. (www.bag-sozialmanagement.de) (12.06.2017).

Übung 1.2

Auf der Homepage der Deutschen Gesellschaft für Qualität e. V. finden Sie unter den Suchbegriffen „Qualität" und „Qualitätsleitfaden" für Deutschland viele Hinweise. Nach „DIN EN ISO 9000 ff" können Sie über einschlägige Suchmaschinen suchen.

Übung 1.3

Als Darstellungsformat eignet sich u. a. eine Pyramide oder eine Stufengrafik.

Übung 2.1

Recherchen sind unter den Reitern „Über uns" und „Publikationen" möglich.

Übung 2.2

Eine These sollte kurz, sprachlich klar und verständlich sein. Sie sollte pointiert zum Ausdruck bringen, was man sagen will. Die Thesen sind in einer aufeinander Bezug nehmenden Reihenfolge zu entwickeln. Sie dienen dazu, eine Diskussion anzuregen oder zentrale Aussagen zusammenzufassen.

Übung 2.3

Ein systematisches Raster garantiert eine übersichtliche und schnelle Orientierung über die Studien. Eine Komponente dieses Rasters könnte das Design der Untersuchung der jeweiligen Studie sein.

Übung 3.1

Die Informationen finden Sie unter www.akjstat.tu-dortmund.de (12.06.2017).

Übung 3.2

Eine Tabelle ist eine geordnete Zusammenstellung von Texten oder Daten. Sie stellt die Daten bzw. Texte in Zeilen und Spalten dar und dient zur Anzeige von Einzelheiten und zum Vergleich von Werten.

Übung 3.3

Die Homepage des DJI finden Sie unter www.dji.de (12.06.2017).

Übung 3.4

Über Internet-Suchmaschinen finden Sie zahlreiche Texte zum Für und Wider des Sozialen Wirkungskredits.

Übung 4.1

Die Erläuterungen finden Sie auf der Homepage des DBSH (www.dbsh.de) (12.06.2017) unter dem Reiter „Profession".

Übung 4.2

Unter dem Reiter „Bundesinitiative Frühe Hilfe" finden Sie auf der Homepage der Bundesinitiative Netzwerke Frühe Hilfen und Familienhebammen www.fruehehilfen.de (12.06.2017) die entsprechenden Informationen.

Lösungen der Aufgaben zur Selbstüberprüfung

Aufgabe 1.1

Wissen hat für eine Profession eine hohe Bedeutung. Professionen haben eine hochschulische Wissensbasis und sind für die Weiterentwicklung ihres Wissens selbst verantwortlich. In Professionen stehen Theorie und Praxis in einer engen Wechselbeziehung, und praktisches Handeln muss sich wissenschaftlich legitimieren. Ungewissheit und damit das Wissen des Nichtwissens im Handeln prägen die sozialpädagogische Professionalität entscheidend – dies auch, da Soziale Arbeit keine Technologie ist.

Aufgabe 1.2

Die drei Qualitätsdimensionen lauten Struktur-, Prozess- und Ergebnisqualität. Strukturqualität umfasst die Gesamtheit der Rahmenbedingungen, die Ressourcen, die Ausstattung jeglicher Art usw. Alle Aktivitäten, die im der Laufe der Dienstleistungserstellung vorgenommen werden, um das mit der Leistung verbundene Ziel zu erreichen, zählen zur Prozessqualität. Ergebnisqualität meint die durch eine Dienstleistung zu erzielenden Zustände (bzw. die tatsächlich erreichten Ziele).

Aufgabe 1.3

Methoden der Erkenntnisgewinnung sind:

- Beobachten und Erklären
- Erleben und Verstehen
- Begründung
- kausal-lineare und mathematisch-logische Beweisführung
- Evidenz und Einsicht

Aufgabe 1.4

Nicht alle Untersuchungsdesigns sind gleichermaßen gut geeignet, um Wirkungszusammenhänge festzustellen. Wirkungen sind nur dann wirksam, wenn die gemessenen Ergebnisse mit der zu evaluierenden Maßnahme in eine direkte Verbindung gebracht werden können. Dies macht es erforderlich, Effekte möglichst zuverlässig nachzuweisen. Einzig die Anwendung bestimmter statistischer Verfahren vermag solche Effekte sichtbar zu machen. Höchste Evidenz haben zusammengefasste Ergebnisse aus mehreren Studien. In dieser Logik existiert nach McNeece und Thyer eine Hierarchie zur Zuverlässigkeit von Wirkungsstudien: 1. systematische Reviews bzw. Metaanalysen von randomisierten Kontrollstudien, 2. randomisierte Kontrollstudien (bzw. Experimentalstudien), 3. Quasi-Experimentalstudien, 4. Fallkontroll- und Kohortenstudien, 5. Prä-experimentelle Gruppenstudien, 6. Befragungen und 7. qualitative Studien.

Aufgabe 2.1

Die Wirkungsforschung hat folgende zwei Richtungen: Auf der einen Seite gibt es die Wirkungsmessung von Interventionen unter vorab eindeutig definierten Bedingungen; auf der anderen Seite das Identifizieren und Verstehen von Wirkmechanismen in der konkreten Praxis unter realen Bedingungen.

Aufgabe 2.2

Wirkungsforschung will die Effekte oder Ergebnisse eines Programms oder einer Intervention überprüfen, messen und bewerten.

Aufgabe 2.3

Ziele sind angestrebte Ereignisse oder Ergebnisse einer Intervention, die nach Inhalt, Methoden, Ausmaß und Zeit bzw. Fristigkeit genau zu bestimmen sind. Die Zielbestimmung z. B. eines Programms ist Ergebnis von Aushandlungen aller beteiligten Akteure (Adressaten, Fachkräfte, Politiker, Wissenschaftler, Arbeitgeber, Lehrer usw.).

Aufgabe 3.1

Ausgangspunkt bei der Erarbeitung von Wirkungsfaktoren als Einflussfaktoren ist die Frage, was wirkt. Uneinigkeit besteht darin, ob einzig Wenn-dann-Kausalitäten als Wirkung bezeichnet werden sollen oder auch das Aufzeigen bestimmter Wirkungszusammenhänge.

Aufgabe 3.2

Outcome ist die mittelbare Wirkung der Erbringung einer Dienstleistung auf die Gesellschaft insgesamt oder auf spezifische Gesellschaftsgruppen. Impact meint hingegen die subjektive Wirkung bei den Adressaten.

Aufgabe 3.3

Die Strukturcharakteristika der Kinder- und Jugendarbeit sind: Freiwilligkeit, Interessenorientierung, Partizipation, Autonomie, Offenheit, Integration bzw. Inklusion.

Aufgabe 3.4

Die „Social Return on Investment (SROI)"-Analyse untergliedert sich in fünf Arbeitsschritte:

1. institutionelle Perspektive (= das In-Bezug-Setzen von öffentlichen Zuwendungen mit den späteren Rückflüssen durch die Einrichtung)

2. individuelle Perspektive (= Ausgaben für Adressaten werden mit den späteren Steuerzahlungen usw. verrechnet)

3. vermiedene Kosten, entgangene Erträge (= Kostenvermeidung durch gesellschaftliche Integrationsarbeit)

4. regionalökonomische Wirkung (= wirtschaftliche Strahlkraft einer Einrichtung in die Region hinein)

5. Lebensqualitätseffekte, Kompetenzzuwachs, Bildungsrendite (= Zusammenfassung dieser Aspekte in durch Zahlen ausdrückbaren Informationen)

Aufgabe 4.1

Das verantwortungsethische Entscheiden und Handeln ist eine zentrale Grundlage der Professionalität Sozialer Arbeit. Jede Fachkraft hat die Verantwortung für ihr Handeln und damit für alle (Neben-)Wirkungen zu übernehmen. Es reicht nicht aus, das Gute oder Richtige getan zu haben; die Fachkraft muss bei ihrem Handeln stets reflektieren, was die (möglichen) Folgen für den Adressaten sind.

Aufgabe 4.2

Unter einer informierten Einwilligung wird verstanden, dass der Teilnehmer bzw. Proband an einer Forschungsstudie umfassend über die Ziele und verwendeten Methoden, aber auch über mögliche Risiken (auch schriftlich) informiert wird. Durch die Unterschrift besiegelt der Proband seine Zustimmung.

Aufgabe 4.3

Der klassische Wirkungsbegriff geht von validen Ursache-Wirkungs-Zusammenhängen aus. Im Gegensatz hierzu stehen beim realistischen Wirkungsverständnis die Kontext-Mechanismus-Ergebnis-Konfigurationen im Zentrum. Ein solches Verständnis betont die Bedeutung des Kontexts für die Erfassung der Wirkungsweise und geht davon aus, dass eine Intervention unterschiedlich wirkt, nach den Bedingungen, unter denen sie umgesetzt wird.

Abkürzungsverzeichnis

AIM	Bundesarbeitsgemeinschaft Individualpädagogik e. V.
AKJStat	Arbeitsstelle Kinder- und Jugendhilfestatistik
BAG WfbM	Bundesarbeitsgemeinschaft Werkstätten für behinderte Menschen
BFSFJ	Bundesministerium für Familie, Senioren, Frauen und Jugend
BMW AG	Bayerische Motorenwerke Aktiengesellschaft
CDU	Christlich Demokratische Union Deutschlands
CSU	Christlich Soziale Union
DBSH	Deutscher Berufsverband für Soziale Arbeit
DeGEval	Deutsche Gesellschaft für Evaluation
DGfE	Deutsche Gesellschaft für Erziehungshilfe
DIN	Deutsches Institut für Normung
DIjuF	Deutsches Institut für Jugendhilfe und Familienrecht e. V.
EBM	Evidence-based Medicine
GmbH	Gesellschaft mit beschränkter Haftung
HzE	Hilfen zur Erziehung
JES	Jugendhilfe-Effekte-Studie
JULE	Projekt Jugendhilfeleistungen
JuMP	Jugendliche mit Perspektive
JA	Jugendamt
KJ	Kinder und Jugendliche
NZFH	Nationales Zentrum Frühe Hilfen
PSB	Personensorgeberechtigte
SGB VIII	Sozialgesetzbuch Achtes Buch (Kinder- und Jugendhilfe)
SGB XVI	Sozialgesetzbuch Elftes Buch (Soziale Pflegeversicherung)
SROI	Social Return on Investment
SPD	Sozialdemokratische Partei Deutschlands
StMAS	Bayerisches Staatsministerium für Arbeit und Soziales, Familie und Integration
US	engl. *United States*

Glossar

Accounting	engl. für Buchhaltung, Rechnungswesen
Altenhilfe	Handlungsfeld der Sozialen Arbeit mit Praxisbereichen wie Altenclubs, Tageseinrichtungen für ältere Menschen, Altenheime, Organisations- und Personalberatung
Berichtswesen	Instrument zur Versorgung des Managements und Sachbereiter mit den jeweils benötigten Informationen; Berichtstypen sind Standard-, Abweichungs- und Sonderberichte.
Beruflicher Standard	Die Profession Soziale Arbeit zeichnet sich durch zielorientierte und ergebnisorientierte Leistungen auf der Grundlage von ethischen Grundhaltungen und Prinzipien aus. Wirkung und Erfolge professionellen Handelns entstehen über das gemeinsam von Adressaten und Fachkräften der Profession Soziale Arbeit erarbeitete Ergebnis. Ziel der Tätigkeit von professionellen Fachkräften ist ein optimales Erbringen der Leistung unter Berücksichtigung von berufsethischen Werten, fachlich-professionellen Ansprüchen und den Ansprüchen von Adressaten, Kostenträgern und Politik.
Berufsethik	umfasst sowohl die persönlichen Wertsetzungen, die beim professionellen Handeln zu beachten sind, als auch die Gesamtheit der Werte und Normen eines bestimmten Berufsstands, die bei der Berufsausübung von den Professionellen zu beachten sind
Care Leaver	Eine (heranwachsende) Person, die die stationäre Jugendhilfe verlassen hat.
Controlling	Teilbereich des unternehmerischen Führungssystems, dessen Hauptaufgabe die Planung, Steuerung und Kontrolle aller Unternehmensbereiche ist; im Controlling laufen die Daten des Rechnungswesens und anderer Quellen zusammen.
Dokumentenanalyse	Forschungstyp, der die Vergangenheit über die Analyse vorliegender Dokumente (z. B. Akten) für die Sozialforschung erschließt
Effect	direkt ersichtliche bzw. nachweisbare Auswirkung einer Leistungserbringung
Effektivität	Wirksamkeit einer Maßnahme oder Intervention im Hinblick auf ihre Ziele
Elternarbeit	alle Bemühungen, die sich ausschließlich an die Eltern eines Kindes bzw. Jugendlichen richten
Ergebnisqualität	Betrachtung eines durch eine Intervention etc. erzielten Zustands (Erfolg oder Misserfolg)

Evaluation	methodisch strukturiertes und auf empirischer Informationssammlung gründendes Verfahren der Bewertung von Strukturen, Handlungen und Ergebnissen
Evidenz	bezieht sich auf Daten aus wissenschaftlichen Studien und systematisch zusammengetragenen Fakten, die einen Sachverhalt erhärten oder widerlegen
Evidenzbasierung	Handeln auf der Grundlage präziser diagnostischer Verfahren und des besten verfügbaren wissenschaftlichen Wissens; die Wirkungswahrscheinlichkeit wird durch wissenschaftliche Studien nachgewiesen.
Evidence-based Practice	Ihr Fokus liegt auf der Erfassung von Wirkungen in der Praxis von Einrichtungen.
Evidenzhierarchie	vgl. Evidenzstufen
Evidenzstufen	(= Evidenzhierarchie, *levels of evidence*) die hierarchische Anordnung von Untersuchungstypen entsprechend methodischer Charakteristika zur Beurteilung der Aussagekraft von Studien hinsichtlich der Validität
Forschungsethik	Forschung ist eine spezifische Form der Intervention, die angesichts der höchstpersönlichen schutzwürdigen Bereiche menschlichen Lebens ein sehr hohes Maß an Verantwortung, Zurückhaltung und ethischer Sensibilität erfordert.
Frühe Hilfen	präventiv ausgerichtete Unterstützungsangebote an Eltern ab Beginn der Schwangerschaft bis Ende des dritten Lebensjahres eines Kindes; sie richten sich vorrangig an belastete Familien
Gesundheitshilfe	Handlungsfeld der Sozialen Arbeit mit Praxisbereichen wie betriebliche Gesundheitsdienste, Werkstätten für Behinderte, Kurhäuser, Sozialplanung
Gütekriterien	Die Hauptgütekriterien von Forschung sind Objektivität, Reliabilität (Zuverlässigkeit) und Validität (Gültigkeit). Daneben gibt es noch Nebengütekriterien wie Nützlichkeit oder Vergleichbarkeit von Studien.
Hilfen zur Erziehung	Arbeitsfeld im Handlungsfeld der Kinder- und Jugendhilfe. Sie werden gewährt, wenn eine dem Wohl des Kindes und Jugendlichen entsprechende Erziehung durch Personensorgeberechtigte nicht gewährleistet ist.
Hilfeplanverfahren	Feste Bestandteile sind die Hilfeplanung (§ 36 SGB VIII) und das Hilfeplangespräch, das zum Ziel hat, Art, Zeitdauer und Form der Hilfe mit dem Jugendlichen zu vereinbaren.

Hippokratischer Eid	Der Eid des Hippokrates, benannt nach dem griechischen Arzt Hippokrates von Kos (um 460 bis 370 v. Chr.), gilt als erste grundlegende Formulierung einer ärztlichen Ethik.
Informed consent	engl. Prinzip der informierten Einwilligung
Intervention	professionell begründete sozialpädagogische Aktivitäten oder Handlungen, die sich nach Anlass, Bezugsrahmen, Zielbestimmungen und Zeitpunkten unterscheiden lassen
Impact	subjektive Wirkung beim Leistungsempfänger bzw. Adressaten
Kausalzusammenhang	direkter Zusammenhang von Ursache und Wirkung: Ein Ereignis A ist Ursache für die Wirkung B.
Kinder- und Jugendarbeit	Arbeitsfeld im Handlungsfeld der Kinder- und Jugendhilfe, der in § 11 SGB VIII festgelegt ist; es geht um eine Pflichtleistung für Jugendliche, die durch Freiwilligkeit, Offenheit und Partizipation bestimmt ist.
Kinder- und Jugendhilfe	Handlungsfeld der Sozialen Arbeit mit Arbeitsfeld wie Kinder- und Jugendarbeit, Hilfen zur Erziehung, Jugendgerichtshilfe, sozialpädagogische Fort- und Weiterbildung
Kostenträger	Der Begriff ist eng mit dem des Leistungsträgers verbunden. Grundsätzlich gilt: Wer zu einer Sozialleistung gesetzlich verpflichtet ist, hat auch deren Kosten zu tragen. Das Jugendamt hat z. B. nicht nur Hilfen zur Erziehung zu (gewähr)leisten, sondern diese auch zu finanzieren.
Lebensbewältigung	hat eine Außen- und eine Innenseite: Zum einen kann mit dem Begriff der gesellschaftliche Ort erschlossen werden, an dem psychosoziale Probleme entstehen, und zum anderen kann mit dem Konzept auch die Betroffenheit der Akteure verstanden werden.
Lebenswelt	strukturiertes Gefüge ganzheitlicher, räumlicher, zeitlicher und sozialer Bezüge, eingespannt in Lebenslagen. Der Sozialen Arbeit geht es um die Stärkung von Lebensbewältigung in lebensweltlichen Kontexten.
Leistungsempfänger	andere Bezeichnung für Adressat (gilt als Synonym für Ökonomisierung und Marktorientierung in der Sozialen Arbeit)
Leistungserbringer	Organisationen, die Soziale Dienste für Menschen bereitstellen, die in einer bestimmten Lebenslage oder Lebensphase die Unterstützung dafür ausgebildeter Fachkräfte benötigen
Leistungsträger	ausschließlich öffentliche Rechtsträger; dazu zählen die kreisfreien Städte und Kreise, aber auch öffentlich-rechtliche Körperschaften wie die Bundesagentur für Arbeit und die sonstigen Träger der Sozialversicherung

Managerialisierung bzw. Managerialismus	die Übertragung von betriebswirtschaftlichen Steuerungsinstrumenten etwa auf die Soziale Arbeit
Mobile Jugendarbeit	Kinder- und Jugendarbeit findet als mobile Jugendarbeit in allen öffentlichen, halböffentlichen und privaten Lebensfeldern von Kindern und Jugendlichen statt. Ursprünglich als niedrigschwelliger Arbeitsansatz mit ausgeprägter Parteilichkeit für die Jugendlichen konzipiert, hat sich mobile Jugendarbeit in Kooperation mit Kontrollinstanzen und Ordnungspolitik ins Spannungsfeld von Hilfe und Kontrolle eingefügt.
Monitoring	Prozess der systematischen Erfassung, Beobachtung und Überwachung von einrichtungsbezogenen und organisatorischen Entwicklungen auf der Grundlage von Indikatoren
Objektivität	Gütekriterium der empirischen Sozialforschung; meint die Unabhängigkeit der Ergebnisse vom Anwender
Outcome	mittelbare Wirkung der Erbringung von Dienstleistungen auf die Gesellschaft
Output	mengenmäßiger Ertrag oder Anzahl von Dienstleistungen, die mit den verwendeten Ressourcen erzielt werden
Partizipation	Teilhabe, Mitwirkung; im pädagogischen Kontext wird mit ihr eine Teilhabe einer Person verbunden; zählt zu den Eckpunkten einer akteurszentrierten Sozialen Arbeit
Produktivfaktor	beschreibt das Verhältnis von verbleibender Produktivzeit zur noch zu leistenden Arbeit
Profession	Eckpunkte sind: akademische Ausbildung, theoretische Fundierung, explizite Berufsethik
Prozessqualität	Alle Aktivitäten, die im Prozess einer Dienstleistung stattfinden, um das angestrebte Ziel zu erreichen, subsummieren sich unter dieser Qualitätsdimension.
Qualität	markiert die Beschaffenheit einer Handlung oder eines Gegenstands. Qualitätsdimensionen sind die Struktur-, Prozess- und Ergebnisqualität.
Qualitätsentwicklung	Sie wurde 1999 durch die Verpflichtung der öffentlichen und freien Träger, im Praxisbereich der Hilfen zur Erziehung Leistungs-, Entgelt- und Qualitätsentwicklungsvereinbarungen abzuschließen, zu einem gesetzlich verankerten Teil der Kinder- und Jugendhilfe (§§ 78a ff. SGB VIII).
Qualitätssicherung	das Bestreben, einen definierten Qualitätsstandard einer Leistung etc. zu gewährleisten

Realist Evaluation	Dieser Ansatz betont die Bedeutung der Kontextbedingungen für die Wirkung. Eine realistische Wirkungsforschung in Kombination mit fachlich fundierten Wirkungsindikatoren kann eine wirkmächtige Wissensbasis für das Entscheiden und Handeln darstellen.
Reflexivität	Fähigkeit, sich selbst zu thematisieren und mit dem Blick anderer wahrzunehmen und zu verstehen
Reliabilität	Zulässigkeit und Genauigkeit der Messung; Reliabilität ist ein Hauptgütekriterium der empirischen Sozialforschung.
Rendite	Ertrag oder Verzinsung von Wertpapieren oder von Kapitalanlagen
Repräsentativität	Studien werden dann als repräsentativ bezeichnet, wenn im Rahmen einer Zufallsstichprobe jeder Teilnehmer einer Untersuchungsgrundgesamtheit (Gesamtbevölkerung) die gleiche Chance hat, in einer Befragung vorzukommen bzw. an ihr teilzunehmen. Auch wird eine Studie als repräsentativ gekennzeichnet, wenn sie ein recht genaues Abbild einer Grundgesamtheit geben kann.
Selbstevaluation	Eigenverantwortung der Fachkräfte für den gesamten Prozess der Datenerhebung und -auswertung
Setting	überwiegend in den Gesundheitswissenschaften gebräuchlich; der Begriff umschließt das, was in der Sozialen Arbeit unter Lebensweltorientierung fassbar ist
Shell-Jugendstudien	zeichnen ein aktuelles Bild der Jugendgeneration und geben Denk- und Diskussionsanstöße; die 17. Shell-Jugendstudie wurde 2015 veröffentlicht
Social Entrepreneurship	soziales Unternehmertum, das unternehmerisches Denken und Handeln zum Wohle der Gesellschaft und zur Lösung oder Verbesserung gesellschaftlicher Missstände verfolgt. Der Erfolg von Social Entrepreneurship wird nicht allein auf Basis finanzieller Profite, sondern anhand des gesellschaftlichen Nutzens bewertet.
Social Impact Bond	vgl. Wirkungskredit
Soziale Dienstleistung	Handlungen mit dem Ziel, die soziale und gesellschaftliche Teilhabe und die Sozialfähigkeiten der Adressaten(-gruppe) wiederherzustellen oder zu verbessern
Soziale Hilfe	Handlungsfeld der Sozialen Arbeit mit Arbeitsfeldern wie Schuldnerberatung, Unterkünfte für nicht sesshafte Männer und Frauen, Frauenhaus, sozialpädagogische Forschung

Stakeholder	Personengruppen, die von den sozialunternehmerischen Tätigkeiten gegenwärtig oder in Zukunft direkt oder indirekt betroffen sind. Gemäß Stakeholder-Ansatz wird ihnen – zusätzlich zu den Eigentümern (Shareholders) – das Recht zugesprochen, ihre Interessen gegenüber einer Sozialunternehmung geltend zu machen.
Strukturqualität	vorhandene Rahmenbedingungen und Ausstattungen einer Einrichtung etc.
Validität	Gütekriterium der empirischen Sozialforschung. Die Validität gibt die Eignung eines Messverfahrens oder einer Frage bezüglich der Zielsetzung an.
Wirkungsfaktor	benennt nicht die Effektstärke, sondern bestimmt in seiner Gesamtheit die Wirkung(en) einer Maßnahme
Wirkungsindikator	zeigt an, in welchem Ausmaß eine Wirkung realisiert worden ist
Wirksamkeit	vgl. Effektivität
Wirkung	Ergebnis bzw. Effekt einer personenbezogenen Sozialen Dienstleistung
Wirkungsforschung	systematische Untersuchung der Überprüfung von Wirksamkeit von zielgerichteten Interventionen etc. und deren Interpretation
Wirkungskredit	(engl. *social impact bonds*) sind Anleihen, mit denen soziale Projekte finanziert werden. Investoren geben Geld für einen wohltätigen Zweck und hoffen, dass die Investition langfristig eine (soziale, gesellschaftliche) Rendite abwirft. Voraussetzung hierfür ist eine verlässliche Datenbasis, um den Erfolg des Projektes zu messen. Ein unabhängiger Überwacher beurteilt die Ergebnisse.
Wirkungsorientierung	Schlüsselbegriff; Sammelbegriff für Diskussionen von Wirkungsforschung, konzeptionellen Ansätzen und Strategien zur Politikgestaltung

Literaturverzeichnis

AKJStat –Arbeitsstelle Kinder- und Jugendhilfestatistik (2016). *Monitor Hilfen zur Erziehung. Datenbasis 2014.* http://www.hzemonitor.akjstat.tu-dortmund.de (30.09.2016).

Albus, S. (2015). *Welche Wirkung zählt?* FORUM Jugendhilfe, (3), S. 19–24.

Albus, S./Ziegler, H. (2013). *Wirkungsforschung.* In: Graßhoff, G. (Hrsg.): Adressaten, Nutzer, Agency. Akteursbezogene Forschungsperspektiven in der Sozialen Arbeit. Wiesbaden: Springer VS, S. 163–180.

Albus, S./Greschke, H./Klingler, B./Messme, H. et al. (2010). *Wirkungsorientierte Jugendhilfe. Abschlussbericht der Evaluation des Bundesmodellprogramms „Qualifizierung der Hilfen zur Erziehung durch wirkungsorientierte Ausgestaltung der Leistungs-, Entgelt- und Qualitätsvereinbarungen nach §§ 78a ff. SGB VIII".* Münster: ISA Planung und Entwicklung GmbH. http://docplayer.org/17830311-Wirkungsorientierte-jugendhilfe.html (03.11.2016).

BAG WfbM – Bundesarbeitsgemeinschaft Werkstätten für behinderte Menschen e. V. (2014). *Die Ergebnisse der bundesweiten SROI-Studie.* http://www.bagwfbm.de/page/sroi_ergebnisse (21.09.2016).

Balzter, N. et al. (2014). *Wie politische Bildung wirkt. Wirkungsstudie zur biographischen Nachhaltigkeit politischer Jugendbildung.* Frankfurt a. M.: Wochenschau.

Baur, D. et al. (1998). *Leistungen und Grenzen von Heimerziehung. Ergebnisse einer Evaluationsstudie stationärer und teilstationärer Erziehungshilfen.* Schriftenreihe des Bundesministeriums für Familie, Senioren, Frauen und Jugend, (170), Stuttgart: Kohlhammer.

Becker-Lenz, R. et al. (Hrsg.) (2013): *Professionalität in der Sozialen Arbeit. Standpunkte, Kontroversen, Perspektiven.* 3. durchges. Auflage, Wiesbaden: Springer VS.

Begemann, M.-C. (2015). *Wirkungen der Kinder- und Jugendarbeit. Schwierigkeiten ihrer Messung und Vorschläge für künftige Forschungen.* FORUM Jugendhilfe, (3), S. 12–18.

Behrs, J./Gittel, B./Klausnitzer, R. (2013). *Wissenstransfer. Konditionen, Praktiken, Verlaufsformen der Weitergabe von Erkenntnis.* Berliner Beiträge zur Wissens- und Wissenschaftsgeschichte, (14), Frankfurt a. M.: Peter Lang.

Bitzan, M./Bolay, E. (2017): *Soziale Arbeit – die Adressatinnen und Adressaten.* Soziale Arbeit – Grundlagen, (10), Opladen/Toronto: Barbara Budrich.

Bleck, C. (2011). *Effektivität und Soziale Arbeit. Analysemöglichkeiten und -grenzen in der beruflichen Integrationsforschung.* Berlin: Frank & Timme.

Blume, T. (2010). *Evidenz.* In: Online-Wörterbuch Philosophie (Hrsg.): Das Philosophielexikon im Internet. http://www.philosophie-woerterbuch.de/online-woerterbuch/?tx_gbwbphilosophie_main[entry]=314&tx_gbwbp (09.08.2016).

BMfSFJ – Bundesminister für Jugend, Familie, Frauen und Gesundheit (1990). *Achter Jugendbericht. Bericht über Bestrebungen und Leistungen der Jugendhilfe.* Bonn: Bundesdruckerei.

Boecker, M. (2015). *Erfolg in der Sozialen Arbeit. Im Spannungsfeld mikropolitischer Interessenkonflikte.* Wiesbaden: Springer VS.

Borrmann, St./Thiessen, B. (Hrsg.) (2016). *Wirkungen Sozialer Arbeit. Potentiale und Grenzen der Evidenzbasierung für Profession und Disziplin.* Theorie, Forschung und Praxis Sozialer Arbeit, (12), Opladen/Berlin/Toronto: Barbara Budrich.

Brinkmann, V. (Hrsg.) (2014). *Sozialunternehmertum.* Grundlagen der Sozialen Arbeit, (34), Baltmannsweiler: Schneider.

Brügelmann, H. (2015). *Vermessene Schulen – standardisierte Schüler. Zu Risiken und Nebenwirkungen von PISA, Hattie, VerA und Co.* Weinheim/Basel: Beltz.

Buestrich, M. et al. (2008). *Die Ökonomisierung Sozialer Dienste und Sozialer Arbeit. Entwicklung – Theoretische Grundlagen - Wirkungen.* Grundlagen der Sozialen Arbeit, (18), Baltmannsweiler: Schneider.

Burmester, M/Wohlfahrt, N. (2015). *Der soziale Wirkungskredit – die Lösung sozialer Probleme durch wirkungsorientiertes Investieren?* neue praxis, (6), S. 559–571.

Buschhorn, C. (2015). *Wirkungsorientierte Evaluation eines Projektes der Frühen Hilfen.* FORUM Jugendhilfe, (3), S. 26–32.

Buschmann, M. et al. (2009). *Das Wissen zur Kinder- und Jugendarbeit. Die empirische Forschung 1998–2008. Ein kommentierter Überblick für die Praxis.* Hrsg. vom Arbeitskreis G 5 des Landesjugendrings NRW e.V.

Cloos, P. et al. (2007). *Die Pädagogik der Kinder- und Jugendarbeit.* Wiesbaden: VS Verlag.

Dahmen, St. (2011). *Evidenzbasierte Soziale Arbeit? Zur Rolle wissenschaftlichen Wissens für sozialarbeiterisches Handeln.* Soziale Arbeit Aktuell, (17), Baltmannsweiler: Schneider.

DGfE – Deutsche Gesellschaft für Erziehungswissenschaft (2004). *Ethikkodex der Deutschen Gesellschaft für Erziehungswissenschaft.* http://www.dgfe.de/fileadmin/OrdnerRedakteure/Satzung_etc/Ethikkodex_2010.pdf (09.08.2016).

DIJuF – Deutsches Institut für Jugendhilfe und Familienrecht e.V. (Hrsg.) (2006). *Berater, Unterstützer und Beistand. Profil eines modernen Dienstleisters im Jugendamt.* https://www.dijuf.de/tl_files/downloads/2010/publikationen/Berater_UnterstuetzerundBeistand.pdf (09.08.2016).

Döring, N./Bortz, J. (2016). *Forschungsmethoden und Evaluation in den Sozial- und Humanwissenschaften.* 5. vollst. überarb., aktual. und erw. Auflage, Berlin/Heidelberg: Springer.

Engelke, E. (2003). *Die Wissenschaft Soziale Arbeit. Werdegang und Grundlagen.* Freiburg im Breisgau: Lambertus.

Eppler, N./Miethe, I./Schneider, A. (Hrsg.) (2011). *Einleitung: Wirkungsforschung.* In: Eppler, N./Miethe, I./Schneider, A. (Hrsg.): Qualitative und quantitative Wirkungsforschung: Ansätze, Beispiele, Perspektiven. Theorie, Forschung und Praxis Sozialer Arbeit. Band 2, Opladen/Berlin/Farmington Hills: Barbara Budrich, S. 9–11.

Erhard, A./Seyboldt, R. (2015). *Möge die Macht mit Dir sein! Care Leaver über die Macht und Beteiligung in der Jugendhilfe.* FORUM Erziehungshilfen, 21 (5), S. 281–284.

Fauser, K. et al. (2006). *Jugendliche als Akteure im Verband. Ergebnisse einer empirischen Untersuchung der Evangelischen Jugend.* Opladen/Famington Hills: Barbara Budrich.

Fliegauf, M. T./Unterhofer, U. (2015). *Sozialer Wirkungskredit – Innovationstreiber mit Substanz? Berlin: stiftung neue verantwortung.* http://www.stiftung-nv.de/sites/default/files/impuls_soziale_wirkungsfinanzierung.pdf (09.08.2016).

Flösser, G./Oechler, M. (2010). *Einführung in die Theorie sozialpädagogischer Dienste.* Grundwissen Erziehungswissenschaft. Darmstadt: Wissenschaftliche Buchgesellschaft.

Gabriel, T./Keller, S./Studer, T. (2007). *Wirkungen erzieherischer Hilfen – Metaanalyse ausgewählter Studien.* Wirkungsorientierte Jugendhilfe, (3), Münster.

Gerhardus, A. et al. (Hrsg.) (2010). *Evidence-based Public Health.* Bern: Huber.

Grolle, J. (2016). *Müll rein, Müll raus.* Der Spiegel, (32), S. 106–109.

Grunwald, K./Thiersch, H. (2001). *Lebensweltorientierung.* In: Otto, H-U./Thiersch, H. (Hrsg.): Handbuch Sozialarbeit/Sozialpädagogik. 2. vollst. überarb. Auflage, Neuwied/Kriftel: Hermann Luchterhand, S. 1136–1148.

Hahn, G./Hüttemann, M. (Hrsg.) (2015). *Evaluation psychosozialer Intervention.* Beiträge zur psychosozialen Praxis und Forschung, (7), Köln: Psychiatrie.

Halfar, B. (2013). *Die Wirkung Sozialer Arbeit ist messbar.* http://www.caritas.de/neue-caritas/ heftarchiv/jahrgang2013/artikel/die-wirkung-sozialer-arbeit-ist-messbar (09.08.2016).

Heiner, M. (2007). *Soziale Arbeit als Beruf. Fälle – Felder – Fähigkeiten.* München: Ernst Reinhardt.

Herriger, N./Kähler, H. D. (2003). *Erfolg in der Sozialen Arbeit. Gelingendes berufliches Handeln im Spiegel der Praxis.* Norderstedt: socialnet.

Herrmann, C. (2016). *Thematisierungsweisen guter Arbeit. Eine empirische Untersuchung im Feld der Kinder- und Jugendwohngruppenarbeit.* Kasseler Edition Soziale Arbeit, (3), Wiesbaden: Springer.

Hoff, T./Klein, M. (Hrsg.) (2015). *Evidenzbasierung in der Suchtprävention. Möglichkeiten und Grenzen in Praxis und Forschung.* Berlin/Heidelberg: Springer.

Homfeldt, H. G./Schulze-Krüdener, J. (Hrsg.) (2003). *Einführung.* In: Homfeldt, H. G./Schulze-Krüdener, J. (Hrsg.): Basiswissen Pädagogik. Handlungsfelder der Sozialen Arbeit. Band 3, Baltmannsweiler: Schneider, S. 2–11.

Homfeldt, H. G./Schulze-Krüdener, J. (Hrsg.) (2000). *Wissen und Nichtwissen. Herausforderungen für Soziale Arbeit in der Wissensgesellschaft.* Weinheim/München: Juventa.

Horn, K.-P. (2003). *Das Praktikum aus der Sicht der Allgemeinen Erziehungswissenschaft.* In: Schulze-Krüdener, J./Homfeldt, H.-G. (Hrsg.): Praktikum – eine Brücke schlagen zwischen Wissenschaft und Beruf. 2. Auflage, Bielefeld: Webler, S. 3–13.

Hüttemann, M. (2015). *Evidenzbasierte Praxis.* In: Thole, W. et al. (Hrsg.): Taschenwörterbuch Soziale Arbeit. 2. Auflage, Bad Heilbrunn: Julius Klinkhardt, S. 82–83.

Hüttemann, M. (2011). *Effekthascherei oder wirklicher Fortschritt? Ein Kommentar zur Wirkungsorientierung in Forschung und Praxis der Sozialen Arbeit.* In: Eppler, N./Miethe, I./ Schneider, A (Hrsg.): Qualitative und quantitative Wirkungsforschung: Ansätze, Beispiele, Perspektiven. Theorie, Forschung und Praxis Sozialer Arbeit. Band 2, Opladen/Berlin/ Farmington Hills: Barbara Budrich, S. 53–67.

Kamecke, G. (2009). *Spiele mit den Worten, aber wisse, was richtig ist! Zum Problem der Evidenz in der Sprachphilosophie.* In: Harrasser, K. et al. (Hrsg.): Sehnsucht nach Evidenz. Bielefeld: transcript, S. 11–25.

Kindler, H. et al. (2011). *An welchen Kriterien könnte der Qualitätsentwicklungsprozess in der Pflegekinderhilfe ausgerichtet werden?* In: Kindler, H. et al. (Hrsg.): Handbuch Pflegekindhilfe. München: Deutsches Jugendinstitut, S. 864–870.

Klawe, W. (2007). *Verläufe und Wirkfaktoren Individualpädagogischer Maßnahmen. Eine explorativ-rekonstruktive Studie.* Hamburg: Eigenverlag.

Klemperer, D. (2010). *Arzneimittelforschung: Marketing vor Evidenz, Umsatz vor Sicherheit.* Deutsches Ärzteblatt, 107 (16), S. 277–278.

Knorr, W. (2007). *Ethik und Wirkungsanalyse in den erzieherischen Hilfen.* In: Evangelischer Erziehungsverband (Hrsg.): Wirkungsforschung – Ethik und Instrumente. Schriftenreihe. Band 4, Hannover: Schöneworth, S. 7–18.

Koalitionsvertrag von CDU, CSU und SPD (2005). *Gemeinsam für Deutschland. Mit Mut und Menschlichkeit.* Rheinbach. http://www.kas.de/upload/ACDP/CDU/Koalitionsvertraege/Koalitionsvertrag2005.pdf (26.09.2016).

Kreft, D. (2013). *Handlungskompetenz.* In: Kreft, D./Mielenz, I. (Hrsg.): Wörterbuch Soziale Arbeit. 7. Auflage, Weinheim/München: Juventa, S. 423–427.

Kreher, T. (2008). *Jugendverbände, Kompetenzentwicklung und biografische Nachhaltigkeit.* In: Lindner, W. (Hrsg.): Kinder- und Jugendarbeit wirkt. Aktuelle und ausgewählte Evaluationsergebnisse der Kinder- und Jugendarbeit. Wiesbaden: VS, S. 109–123.

Kuhlmann, S. et al. (2004). *Leistungsmessung und -vergleich in Politik und Verwaltung. Konzepte und Praxis.* Wiesbaden: VS.

Landes, B. (2007). *Alles wird zur Dienstleistung. Die wirkungsorientierte Finanzierung von Jugendhilfe.* Blätter der Wohlfahrtspflege, 2007 (1), S. 33–34.

Lehmann, T./Mecklenburg, K. (2006). *Jugendverbände als biografisch bedeutsame Lebensorte.* Soziale Arbeit Aktuell, (2), Baltmannsweiler: Schneider.

Liebig, R. (2016). *Wirkungsorientierung und Kooperation in der Offenen Kinder- und Jugendarbeit.* Expertise im Auftrag der Bertelsmann Stiftung. https://www.bertelsmann-stiftung.de/fileadmin/files/user_upload/Expertise_Wirkungsorientierung_Liebig_2016.pdf (09.08.2016).

Liebig, R. (2009). *Kinder- und Jugendarbeit wirkt. Erste Befunde einer Erforschung der Wirkungen.* K 3 – Magazin des Kreisjugendring München-Stadt, 12 (6), S. 23–24.

Liebig, R. (2006). *Effekteforschung in der Offenen Kinder- und Jugendarbeit – Konzeptionelle Überlegungen.* http/www.forschungsverbund.tu-dortmund.de/fileadmin/Files/Texte_Reinhard/Effekteforschung_im_Kontext_der_OKJA_.pdf (09.08.2016).

Lindner, W. (Hrsg.) (2008). *Kinder- und Jugendarbeit wirkt. Aktuelle und ausgewählte Evaluationsergebnisse der Kinder- und Jugendarbeit.* Wiesbaden: VS.

Lüders, C./Haubrich, K. (2006). *Wirkungsevaluation in der Kinder- und Jugendhilfe: Über hohe Erwartungen, fachliche Erfordernisse und konzeptionelle Antworten.* In: Projekt EXE (Hrsg.): Wirkungsevaluation in der Kinder- und Jugendhilfe. Einblicke in die Evaluationspraxis. Augsburg: Pröll, S. 5–23.

Luhmann, N./Schorr, K.-E. (1982). *Das Technologiedefizit der Erziehung und die Pädagogik.* In: Dies. (Hrsg.): Zwischen Technologie und Selbstreferenz. Fragen an die Pädagogik. Frankfurt a. M.: Suhrkamp, S. 11–50.

Macsenaere, M. (2015). *Das Messen von Wirkungen – eine Einführung.* FORUM Jugendhilfe, (3), S. 4–11.

Macsenaere, M. (2013). *Wirkungsforschung in den Hilfen zur Erziehung.* In: Graßhoff, G. (Hrsg.): Adressaten, Nutzer, Agency. Akteursbezogene Forschungsperspektiven in der Sozialen Arbeit. Wiesbaden: Springer VS, S. 211–225.

Macsenaere, M./Esser, K. (2015). *Was wirkt in der Erziehungshilfe? Wirkfaktoren in Heimerziehung und anderen Hilfearten.* 2. aktual. Auflage, München/Basel: Ernst Reinhardt.

Macsenaere, M. et al (2010). *Outcome in der Jugendhilfe gemessen.* Freiburg im Breisgau: Lambertus.

McNeece, C. A./Thyer, B. A. (2004). *Evidence-Based Practice and Social Work.* Journal of Evidence-Based Social Work, vol. 1, no.1, p. 7–25.

Merchel, J. (2013). *Qualitätsmanagement in der Sozialen Arbeit. Eine Einführung.* 4. Auflage. Weinheim/München: Juventa.

Micheel, H.-G. (2010). *Quantitative empirische Sozialforschung.* München: Reinhardt.

Micheel, H.-G. (2013). *Methodische Aspekte der Wirkungsforschung.* In: Graßhoff, G. (Hrsg.): Adressaten, Nutzer, Agency. Akteursbezogene Forschungsperspektiven in der Sozialen Arbeit. Wiesbaden: Springer VS, S. 182–193.

Miethe, I./Gahleitner, B. (2010). *Forschungsethik in der Sozialen Arbeit.* In: Bock, K./Miethe, I. (Hrsg.): Handbuch Qualitative Methoden in der Sozialen Arbeit. Opladen/Farmington Hills: Barbara Budrich, S. 573–581.

Mullen, E. J./Bellamy, J. L./Bledsoe, S. E. (2007). *Evidenzbasierte Praxis in der Sozialen Arbeit.* In: Sommerfeld, P./Hüttemann, M. (Hrsg.): Evidenzbasierte Soziale Arbeit. Nutzung von Forschung für die Praxis. Grundlagen der Sozialen Arbeit. Band 17, Baltmannsweiler: Schneider, S. 10–25.

Müller, B. (2010). *Professionalität.* In: Thole, W. (Hrsg.): Grundriss Soziale Arbeit. Ein einführendes Handbuch. 3. überarb. und erw. Auflage, Wiesbaden: Springer VS, S. 955–974.

Müller, B. et al. (2005). *Wahrnehmen können. Jugendarbeit und informelle Bildung.* Freiburg im Breisgau: Lambertus.

Münchmeier, R. (2013). *Ethik.* In: Kreft, D./Mielenz, I. (Hrsg.): Wörterbuch Soziale Arbeit. 7. Auflage, Weinheim/Basel: Beltz, S. 273–275.

Nassehi, A. (2014). *Editorial.* In: Nassehi, A./Felixberger (Hrsg.): Kursbuch 180: Nicht wissen. Hamburg: Murmann Publishers, S. 1–4.

Nüsken, D. (2015). *Wie breit ist das Feld? Stand der Wirkungsforschung und ein kleiner Überblick, was alles Evaluation und Wirkungsforschung ist.* In: Deutsches Institut für Urbanistik (Hrsg.): Wissen, was wirkt! Wirkungsforschung und Evaluation in den Hilfen zur Erziehung – Praxiserfahrungen und Impulse. Berlin: S. 11–28.

NZFH – Nationales Zentrum Frühe Hilfen (Hrsg.) (2016). *Leitbild Frühe Hilfen. Beitrag des NZFH-Beirats.* http://www.fruehehilfen.de/fileadmin/user_upload/fruehehilfen.de/pdf/Publikation_NZFH_Kompakt_Beirat_Leitbild_fuer_Fruehe_Hilfen.pdf (08.12.2016).

Oechler, M./Schmidt, H. (Hrsg.) (2014). *Empirie der Kinder- und Jugendverbandsarbeit. Forschungsergebnisse und ihre Relevanz für die Entwicklung von Theorie, Praxis und Forschungsmethodik.* Wiesbaden: Springer VS.

Otto, H.-U./Polutta, A./Ziegler, H. (Hrsg.) (2010). *What Works – Welches Wissen braucht die Soziale Arbeit? Zum Konzept evidenzbasierter Praxis.* Opladen/Farmington Hills: Barbara Budrich.

Otto, H.-U./Schneider, K. (2009). *Zur Wirksamkeit Sozialer Arbeit.* Soziale Arbeit, (7), S. 20–23.

Pawson, R./Tilley, N. (2009). *Realist Evaluation.* In: Otto, H.-U. et al. (Hrsg.): Evidence-based Practice – Modernising the Knowledge Base of Social Work? Opladen/Farmington Hills: Barbara Budrich, S. 151–180.

Polutta, A. (2014). *Wirkungsorientierte Transformation der Jugendhilfe.* Wiesbaden: Springer VS.

Polutta, A. (2013). *Wirkungsorientierung in der Jugendhilfe.* In: Graßhoff, G. (Hrsg.): Adressaten, Nutzer, Agency. Akteursbezogene Forschungsperspektiven in der Sozialen Arbeit. Wiesbaden: Springer VS, 195–210.

Rätz-Heinisch, R. et al. (2009). *Lehrbuch Kinder- und Jugendhilfe. Grundlagen, Handlungsfelder, Strukturen und Perspektiven.* Weinheim/München: Juventa.

Rauschenbach, T. (2004). *Vertrag der Generationen – Über die Notwendigkeit neuen Denkens.* Theorie und Praxis der Sozialen Arbeit, (5), S. 13–21.

Rauschenbach, T. (2000). *Soziale Arbeit im Übergang von der Arbeits- zur Wissensgesellschaft? Irritationen und Klärungen des Verhältnisses von Wissenschaftswissen und Praxiswissen in Studium, Lehre, Forschung und Profession.* In: Homfeldt, H. G./Schulze-Krüdener, J. (Hrsg.): Wissen und Nichtwissen. Herausforderungen für Soziale Arbeit in der Wissensgesellschaft. Weinheim/München: Juventa, S. 79–98.

Rille-Pfeiffer, C. et al. (2014). *Konzept der Wirkungsanalyse „Familienpolitik" in Österreich. Zieldimensionen – Bewertungskriterien – Module.* Forschungsbericht Nr. 12. Wien. http://www.oif.ac.at/fileadmin/OEIF/Forschungsbericht/fb_12_wirkungsanalyse_familienpolitik_in_oesterreich.pdf (09.11.2016).

Ruf, N. (2016). *Ziele erreicht. Der erste deutsche Social Impact Bond ist abgeschlossen.* http://www.benckiser-stiftung.org/content/5-blog/75-ziele-erreicht-der-erste-deutsche-social-impact-bond-ist-abgeschlossen/projektuebersicht_abschluss_sibaugsburg_final.pdf (26.03.2017).

Sackett, D. L./Straus, S. E./Richardson, W. S./Rosenberg, W./Haynes, R. B. (2000). *Evidence-based Medicine. How to Practice and Teach EBM.* 2. Auflage, Edinburgh: Churchill Livingstone.

Sänger, S. et al. (2006). *Manual Patienteninformation. Empfehlungen zur Erstellung evidenzbasierter Patienteninformationen.* äzq Schriftenreihe, (25), Berlin.

Schilling, J. (2013). *Didaktik/Methodik Sozialer Arbeit.* 6. aktual. Auflage, München: Ernst Reinhardt.

Schimpf, E./Stehr, J. (2012). *Kritisches Forschen in der Sozialen Arbeit – eine Einleitung.* In: Dies. (Hrsg.): Kritisches Forschen in der Sozialen Arbeit. Gegenstandsbereiche – Kontextbedingungen – Positionierungen – Perspektiven. Wiesbaden: Springer VS, S. 7–23.

Schmidt, H. (Hrsg.) (2011). *Empirie der Offenen Kinder- und Jugendarbeit.* Wiesbaden: Springer VS.

Schmidt, M. H. (2001). *Neues für die Jugendhilfe. Ergebnisse der Jugendhilfe-Effekte-Studie.* Herausgegeben im Auftrag des Deutschen Caritasverbandes e. V. und des Bundesverbandes katholischer Einrichtungen und Dienste der Erziehungshilfen e. V. (BVkE). March: Verlag für das Studium der sozialen Arbeit.

Schmidt, M. H. et al. (2002). *Effekte erzieherischer Hilfe und ihre Hintergründe.* Schriftenreihe des Bundesministeriums für Familie, Senioren, Frauen und Jugend (BMFSFJ). Band 219, Stuttgart: Kohlhammer.

Schröder, J./Kettiger, D. (2001). *Wirkungsorientierte Steuerung in der sozialen Arbeit. Ergebnisse einer internationalen Recherche in den USA, den Niederlanden und der Schweiz.* Schriftenreihe des Bundesministeriums für Familie, Senioren, Frauen und Jugend (BMFSFJ). Band 229, Stuttgart: Kohlhammer.

Schrödter, M./Ziegler, H. (Hrsg.) (2007). *Was wirkt in der Kinder- und Jugendhilfe – Ein Überblick auf Basis der internationalen Wirkungsforschung.* In: Schrödter, M./Ziegler, H. (Hrsg.): Wirkungsorientierte Jugendhilfe. Eine Schriftenreihe des ISA zur Qualifizierung der Hilfen zur Erziehung. Was wirkt in der Kinder- und Jugendhilfe? Internationaler Überblick und Entwurf eines Indikatorensystems von Verwirklichungschancen. Band 2, Münster: ISA Planung und Entwicklung GmbH, S. 7–17. http://www.wirkungsorientierte-jugendhilfe.de/seiten/material/wojh_schriften_heft_2.pdf (28.10.2016).

Schulze-Krüdener, J. (2003). *Professionalität und Soziale Arbeit.* In: Homfeldt, H. G., Schulze-Krüdener, J. (Hrsg.): Handlungsfelder der Sozialen Arbeit. Band 3: Basiswissen Pädagogik: Pädagogische Handlungsfelder. Baltmannsweiler: Schneider, S. 144–172.

Seckinger, M. et al. (2016). *Einrichtungen der offenen Kinder- und Jugendarbeit. Eine empirische Bestandsaufnahme.* Weinheim/Basel: Juventa.

Shell Deutschland Holding (Hrsg.) (2015). *Jugend 2015. Eine pragmatische Generation im Aufbruch.* Frankfurt a. M.: Fischer.

Sommer, B. (2009). *Didaktische Überlegungen als Grundlage und Orientierungshilfe für sozialpädagogisches Handeln. Eine Einführung.* Marburg: Tectum.

Sommerfeld, P. (2011). *Sozialpädagogische Forschung.* In: Otto, H.-U./Thiersch, H. (Hrsg.): Handbuch Soziale Arbeit. 4. vollst. überarb. Auflage, München: Reinhardt, S. 1462–1475.

Sommerfeld, P./Hüttemann, M. (Hrsg.) (2007). *Evidenzbasierte Soziale Arbeit. Nutzung von Forschung in der Praxis.* Grundlagen der Sozialen Arbeit, (17), Baltmannsweiler: Schneider.

Spiegel, H. von (2013). *Methodisches Handeln in der Sozialen Arbeit.* In: Kreft, D./Mielenz, I. (Hrsg.): Wörterbuch Soziale Arbeit. 7. Auflage, Weinheim/Basel: Juventa, S. 609–614.

SpringerMedizin.at (2012). *Präzisionsmedizin auf dem Vormarsch.* http://www.springermedizin.at/artikel/25744-praezisionsmedizin-auf-dem-vormarsch (09.11.2016).

Stegmüller, W. (1969). *Metaphysik. Skepsis. Wissenschaft.* 2. verbesserte Auflage, Berlin/Heidelberg/New York: Springer.

Stehr, N./Adolf, M. (2015). *Ist Wissen Macht? Erkenntnisse über Wissen.* Weilerswist: Velbrück Wissenschaft.

Steube, M. (2015). *Der teure Kampf gegen Cannabis.* Die Welt. https://www.welt.de/print/welt_kompakt/berlin/article145324115/Der-teure-Kampf-gegen-Cannabis.html (13.02.2017).

Stockmann, R./Meyer, R. (2014). *Evaluation. Eine Einführung.* 2. Auflage, Opladen/Toronto: Barbara Budrich.

Strech, D. (2008). *Evidenz-basierte Ethik. Zwischen impliziter Normalität und unzureichender Praktikabilität.* Ethik in der Medizin, 20 (4), S. 274–286.

Struzyna, K.-H. (2007). *Wirkungsorientierte Jugendhilfe – Hintergründe, Intentionen und Ziele des Bundesmodellprogramms.* In: Struzyna, K.-H./Gabriel, T./Wolf, K./Macsenaere, M. et al. (Hrsg.): Wirkungsorientierte Jugendhilfe. Eine Schriftenreihe des ISA zur Qualifizierung der Hilfen zur Erziehung. Beiträge zur Wirkungsorientierung von erzieherischen Hilfen. Band 1. Münster: ISA Planung und Entwicklung GmbH, S. 5–13. http://www.wirkungsorientierte-jugendhilfe.de/seiten/material/wojh_schriften_heft_1.pdf (03.11.2016).

Struzyna, K.-H. (2006). *Wirkungsorientierung in den Hilfen zur Erziehung – warum und wofür? Zu Hintergründen und Bedeutung des strategisch-methodischen Ansatzes.* Jugendhilfe, 44 (66), S. 289–294.

Sturzenhecker, B. (2012). *Kinder- und Jugendarbeit.* In: Thole, W./Höblich, D./Ahmed, S. (Hrsg.): Taschenwörterbuch Soziale Arbeit. 2. Auflage, Bad Heilbrunn: Klinkhard, S. 155–156.

Thiersch, H. (2011). *Moral und Soziale Arbeit.* In: Otto, H.-U./Thiersch, H. (Hrsg.): Handbuch Soziale Arbeit. 4. vollst. überarb. Auflage, München: Reinhardt, S. 968–979.

Thiersch, H. (1997). *Leistungen der Jugendhilfe – am Beispiel der Untersuchung zur Heimerziehung.* Leistung und Qualität in der Jugendhilfe. EREV-Schriftenreihe, 38 (2), Hannover, S. 14–28.

Thiersch, H. (1987). *Schwierigkeiten im Umgang mit Moral.* In: Rauschenbach, T./Thiersch, H. (Hrsg.): Die herausgeforderte Moral. Lebensbewältigung in Erziehung und sozialer Arbeit. Bielefeld: Kt, S. 15–34.

Thole, W. (2010). *Die Soziale Arbeit – Praxis, Theorie, Forschung und Ausbildung. Versuch einer Standortbestimmung.* In: Thole, W. (Hrsg.): Grundriss Soziale Arbeit. Ein einführendes Handbuch. 3. aktual. und überarb. Auflage, Wiesbaden: Springer VS, S. 19–70.

Thole, W. (2000). *Kinder- und Jugendarbeit. Eine Einführung.* Weinheim/München: Juventa.

Thomas, A. (2013). *Langzeitwirkungen der Teilnahme an internationalen Jugendbegegnungen auf die Persönlichkeitsentwicklung der Teilnehmer/-innen.* In: IJAB – Fachstelle für Internationale Jugendarbeit der Bundesrepublik Deutschland e. V. und Forscher-Praktiker-Dialog Internationale Jugendarbeit (Hrsg.): Internationale Jugendarbeit wirkt. Forschungsergebnisse im Überblick. 2. Auflage, Bonn/Köln, S. 90–107.

Tossmann, H.-P. (2008). *Evaluation der Streetwork und der mobilen Jugendarbeit in Berlin.* Frankfurt a. M.: Peter Lang.

Uebelhart, B./Zängi, P. (Hrsg.) (2013). *Praxisbuch zum Social Impact Modell.* Edition Sozialwirtschaft, (36), Baden-Baden: Nomos.

Wagner, B./Halfar, B. (2011a). *Soziales wirkt. Teil 1: Der Social Return on Investment bewährt sich in der Praxis.* BFS-Info, (10), S. 13–16.

Wagner, B./Halfar, B. (2011b). *Soziales wirkt. Teil 2: Wirkungsorientiertes Controlling.* BFS-Info, (11), S. 13–16.

Weber, M./Petrick, S. (2013). *Was sind Social Impact Bonds? Definitionen, Strukturen, Marktentwicklung.* Wirkungsorientierte Finanzierung für gesellschaftliche Herausforderung. Bertelsmann-Stiftung. https://www.bertelsmann-stiftung.de/fileadmin/files/BSt/Publikationen/GrauePublikationen/GP_Was_sind_Social_Impact_Bonds.pdf (09.08.2016).

Winkler, M. (2015): *Erziehungs- und Bildungsziele.* In: Otto, H.-U./ Thiersch, H. (Hrsg.): Handbuch Soziale Arbeit. Grundlagen der Sozialarbeit und Sozialpädagogik. 5. erw. Auflage, München/Basel: Reinhardt, S. 397–409.

Winkler, M. (2006). *Kritik der Pädagogik. Der Sinn der Erziehung.* Stuttgart: Kohlhammer.

Wolf, K. (Hrsg.) (2007). *Wirkungsorientierte Jugendhilfe. Eine Schriftenreihe des ISA zur Qualifizierung der Hilfen zur Erziehung. Metaanalyse von Fallstudien erzieherischer Hilfen hinsichtlich von Wirkungen und „wirkmächtigen" Faktoren aus Nutzersicht.* Band 4, Münster: ISA Planung und Entwicklung GmbH. http://www.wirkungsorientierte-jugendhilfe.de/seiten/material/wojh_schriften_heft_4.pdf (03.11.2016).

Zauner, H. (2014). *Die Party ist vorbei. Reproduzierbarkeit von Ergebnissen.* Laborjournal, (3), S. 18–23.

Ziegler, H. (2012). *Wirkungsforschung – über Allianzen von Evaluation und Managerialismus und die Möglichkeit erklärender Kritik.* In: Schimpf, E./Stehr, J. (Hrsg.): Kritisches Forschen in der Sozialen Arbeit. Gegenstandsbereiche – Kontextbedingungen – Positionierungen – Perspektiven. Wiesbaden: Springer VS, S. 93–105.

Ziegler, H. (2009). *Zum Stand der Wirkungsforschung in der Sozialen Arbeit.* Jugendhilfe, (3), S. 181–187.

Zöllner, J. (2014). *Sterben müssen wir alle. Nichtwissen in der Medizin.* In: Nassehi, A./Felixberger (Hrsg.): Kursbuch 180: Nicht wissen. Hamburg: Murmann Publishers, S. 74–83.

Abbildungsverzeichnis

Tabellenverzeichnis

Sachwortverzeichnis

Über den Autor

Dr. Jörgen Schulze-Krüdener (geb. 1962) studierte Sozialpädagogik, Erziehungs-wissenschaft, Soziologie und Psychologie an der Universität Hildesheim und leitete anschließend ein Jugendhaus in Trägerschaft eines anerkannten freien Trägers der Kinder- und Jugendhilfe. An der Universität Trier promovierte er 1996 mit einer Untersuchung zu „Professionalisierung und Berufsverband". Seit dieser Zeit arbeitet er als Hochschullehrer in der Abteilung Sozialpädagogik an der Universität Trier, seit mehreren Jahren u. a. auch als Lehrbeauftragter an der Hochschule für Technik und Wirtschaft des Saarlandes in Saarbrücken und seit 2017 als Tutor an der APOLLON Hochschule der Gesundheitswirtschaft. Er ist Mitherausgeber der Buchreihen „Grundlagen der Sozialen Arbeit" (seit 1999) und „Lebensalter und Soziale Arbeit" (2009). Seine Lehr- und Forschungs-schwerpunkte sind: Theorie, Handlungsfelder und Methoden der Sozialen Ar-beit, Arbeitsmarkt und Interessenvertretung für soziale Berufe, Professionsfor-schung, Kinder- und Jugend(hilfe)forschung, Fort- und Weiterbildung, Planung und Management sowie Regionale Sozialpädagogische Forschung.